财务管理与审计创新

张金玲　侯　韬　潘兆锋　著

汕頭大學出版社

图书在版编目（CIP）数据

财务管理与审计创新 / 张金玲，侯韬，潘兆锋著
. -- 汕头 ： 汕头大学出版社，2021.12
　ISBN 978-7-5658-4544-4

　Ⅰ．①财… Ⅱ．①张… ②侯… ③潘… Ⅲ．①财务管
理②财务审计 Ⅳ．①F275②F239.41

中国版本图书馆CIP数据核字（2021）第267674号

财务管理与审计创新
CAIWU GUANLI YU SHENJI CHUANGXIN

作　　者：张金玲　侯　韬　潘兆锋
责任编辑：邹　峰
责任技编：黄东生
封面设计：周　凡
出版发行：汕头大学出版社
　　　　　广东省汕头市大学路243号汕头大学校园内 邮政编码：515063
电　　话：0754-82904613
印　　刷：廊坊市海涛印刷有限公司
开　　本：710mm×1000mm　1/16
印　　张：8.25
字　　数：100千字
版　　次：2021 年 12 月第 1 版
印　　次：2025 年 1 月第 1 次印刷
定　　价：48.00 元
ISBN 978-7-5658-4544-4

编委会

主　编

张金玲　河北省廊坊市体育运动学校
侯　韬　唐山市协和医院
潘兆锋　中铁十一局集团有限公司

副主编

李美芹　包头服务管理职业学校
方天玉　山东省烟台护士学校

前　言

随着国民经济的不断发展，科学技术的不断创新，现代企业发展实现了质的飞跃。企业财务管理是企业经营发展的核心内容，财务管理工作质量水平直接对企业核心竞争力产生影响。企业财务管理工作应全面突出战略性，做好战略性财务管理关系到企业的持久生存与发展。

财务审计作为企业经营管理过程的重中之重，直接关系到企业财务管理工作的质量和效率，企业必须树立先进的财务审计工作理念，科学规范财务审计程序，督促财务审计人员严格按照企业规章制度办事，促进财务审计各个工作环节有条不紊地展开。

本书以"财务管理与审计创新"为题，在内容编排上共设置四章：第一章是财务管理分析与业绩评价，内容涵盖财务预算与财务控制管理、筹资管理与投资管理、营运资本管理与利润分配管理、财务分析与业绩评价；第二章对财务审计的需求及优化措施、财务审计的独立性、财务审计中的会计核算、企业财务审计信息管理进行全面分析；第三章探讨财务管理与审计的关系，内容涉及审计视角下科研创新能力与财务管理的提高、以审计结果促进企业财务管理及会计核算、会计审计对建筑施工企业财务管理的促进作用、建筑施工企业会计风险管理中内部审计的作用；第四章探索财务管理与审计应用创新，内容涉及财务管理的应用创新、财务审计的多元化应用、财务审计的整合延伸应用。

本书观点新颖、内容丰富、结构严谨、脉络清晰、深入浅出，集理论性、思想性、知识性与实用性于一体，理论联系实际，具有一定的理论创新性，具有较高的指导和参考价值。

笔者在撰写本书的过程中，得到了许多专家、学者的帮助和指导，在此表示诚挚的谢意。由于笔者水平有限，加之时间仓促，书中所涉及的内容难免有疏漏之处，希望各位读者多提宝贵的意见，以便笔者进一步修改，使之更加完善。

张金玲　侯　韬　潘兆锋

2022年1月

目 录
contents

第一章　财务管理分析与业绩评价

企业财务管理是企业发展的重要动力和条件，同时也为企业日常稳定发展提供了保障。企业为了促进自身发展水平和发展实力的有效提高，需要结合当前时代发展的现状确定正确的企业财务管理思路，从而使企业能够获得源源不断的发展动力，提高自身的发展水平和竞争实力。本章内容包括财务预算与财务控制管理、筹资管理与投资管理、营运资本管理与利润分配管理、财务分析与业绩评价。

第一节　财务预算与财务控制管理

一、财务预算

（一）财务预算的主要内容

企业预算是企业在预测、决策的基础上，以数量和金额的形式反映企业未来一定时期内经营、投资、财务等活动的具体计划，是为实现企业目标而对各种资源和企业活动的详细安排。企业预算的内容主要包括日常业务预算、专门决策预算和财务预算三大类。

日常业务预算是指与企业日常经营活动直接相关的经营业务的各种预算。它具体包括销售预算、生产预算、直接材料消耗及采购预算、直接人工预算、制造费用预算、产品生产成本预算、经营费用和管理费用预算等，这些预算前后衔接、相互钩稽，既有实物量指标，又有价值量指标。

专门决策预算是指企业为不经常发生的长期投资决策项目或一次性专门业务所编制的预算，具体包括资本支出预算、一次性专门业务预算等。资本支出预算根据经过审核批准的各个长期投资决策项目进行编制，它实际上是对决策选中方案的进一步规划。一次性专门业务预算是为了配合财务预算的编制，为了便于控制和监督，对企业日常财务活动中发生的一次性的专门业务，如筹措资金、投放资金、其他财务决策（发放股息、红利等）编制的预算。

财务预算是指反映企业未来一定预算期内预计现金收支、经营成果和财务状况的各种预算，具体包括现金预算、预计损益表和预计资产负债表。前面所述的各种日常业务预算和专门决策预算，最终都可以综合反映在财务预算中。这样，财务预算就成为各项经营业务和专门决策的整体计划，故也称为"总预算"，各种业务预算和专门决策预算就称为"分预算"。

（二）财务预算的类型划分

1.按预算期的长短划分

财务预算按预算期的长短可以分为长期预算和短期预算。长期预算是指预算期超过一年的预算，如资本预算和长期销售预算等。短期预算指预算期在一年以内的预算，如业务预算等。企业长期预算对短期预算有着很重要的影响。

2.按预算的内容划分

财务预算按预算的内容可以分为财务预算、业务预算和专门预算。财务预算是指企业在一定时期内货币资金的收支及财务状况的预算，包括短期现金收支预算和信贷预算，以及长期的费用支出预算和长期资金筹措预算。业务预算用于计划企业的基本经济业务，包括销售预算和生产预算等。专门预算主要是对企业某专项投资而编制的预算，如企业购置较大的固定资产的预算等。三种预算在编制时各有侧重点，相互之间又密不可分，业务预算和专门预算是财务预算的基础，财务预算是业务预算和专门预算的汇总。

3.按预算的编制方法划分

财务预算按预算的编制方法可以分为固定预算、弹性预算、零基预算、增量预算、定期预算、滚动预算等。企业在进行财务预算时，经常运用固定预算与弹性预算编制混合预算，以便能满足企业经营管理的客观需要。

（三）财务预算的编制过程

财务预算的编制过程如图1-1所示。

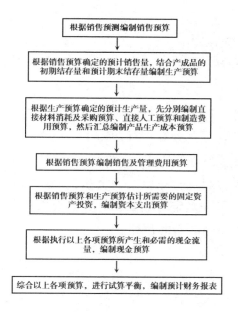

图1-1 财务预算的编制过程

（四）财务预算的编制方法

1. 固定预算

固定预算也称静态预算，是指企业以未来既定的业务量水平作为唯一基础来编制预算的方法。预算编制后具有相对的稳定性，没有特殊情况不需要对预算进行修订，所以该方法适用于经济状况比较稳定的企业或部门。

2. 弹性预算

弹性预算又称变动预算，是指企业在不能准确预测业务量的情况下，根据本量利之间有规律的数量关系编制的能够适应不同生产经营水平需要的预算方法。弹性预算能适应多种业务量水平的需要。与固定预算比较来看，弹性预算适应的范围较宽，可与多种业务量水平相对应，从而得到不同的预算额。弹性预算的业务量范围一般限定在正常业务量能力的70%～110%，因此弹性预算并不是只对应一个业务量水平的一个预算，而是能够随业务量水平变动而变动的一组预算。弹性预算一般在制造费用、管理费用等间接费用上应用频率较高。弹性预算易于与实际业务量进行对比。由于企业的生产经营活动总是处于不断变化之中，实际业务量与计划业务量往往并不一致，利用弹性预算就可以将实际指标与实际业务量相对应的预算金额进行比较，使分析更具有客观性，从而更好地发挥预算在实际生产经营活动中的控制作用。

3. 零基预算

零基预算是指不受过去实际收支情况的限制,一切都从零开始编制预算的方法。它不受过去实际发生数据的影响,从实际出发,逐项进行分析,从根本上评价各项活动。零基预算充分调动了单位全体员工的工作积极性,挖掘了内在潜力,增强了预算的实用性。

零基预算是以零为起点,把原业务量和新增业务量看作一个整体,根据预算年度预测的业务量来确定有关数据,并且要求对所有的业务活动都进行成本效益分析后,才能编制新的预算。

4. 增量预算

增量预算是指以基期成本费用水平为基础,结合预算期业务量水平及有关降低成本的措施,通过调整有关原有费用项目而编制预算的方法。

增量预算建立在历史经验的基础上,承认过去所发生的一切都是合理的,主张不在预算内容上做较大改进,这种方法可能存在不足:①按这种方法编制预算,往往不加分析地保留或接受原有的成本项目,可能使原来不合理的费用开支继续存在,使得不必要的开支合理化,造成预算上的浪费;②增量预算容易鼓励预算编制人凭主观臆断按成本项目平均削减预算或只增不减,不利于调动各部门降低费用的积极性;③按照这种方法编制的费用预算,对于那些在未来实际需要费用开支的项目可能因没有考虑未来情况的变化而造成预算的不足。

二、财务控制管理

(一)财务控制的类型划分

第一,按照财务控制的内容划分,可分为一般控制和应用控制两类。一般控制是指对企业财务活动赖以进行的内部环境所实施的总体控制,包括组织控制、人员控制、财务预算、业绩评价、财务记录等内容。应用控制是指作用于企业财务活动的具体控制,包括业务处理程序中的批准与授权、审核与复核,以及为保证资产安全而采取限制措施等控制。

第二,按照财务控制的功能划分,可分为预防性控制、侦查性控制、纠正性控制、指导性控制和补偿性控制。预防性控制是指为了防范风险、错弊和非法行为的发生，或减少其发生机会所进行的控制。侦查性控制是指为了及时识别已经存在的风险、已发生的错弊和非法行为，或增强识别能力所进行的控制。纠正性控制是对那些通过侦查性控制查出来的问题所进行的调整和纠正。指导性控制是为了实现有利结果而进行的控制。补偿性控制是针对某些环节的不足或缺陷而采取的控制措施。

第三，按照财务控制的时序划分，可分为事前控制、事中控制和事后控制三类。事前控制是指企业为防止财务资源在质和量上发生偏差，而在行为发生之前所实施的控制。事中控制是指在财务活动发生过程中所进行的控制。事后控制是指对财务活动的结果所进行的分析、评价。

（二）财务控制的主要方法

财务控制是内部控制的一个重要环节，财务控制要以消除隐患、防范风险、规范经营、提高效率为宗旨，建立全方位的财务控制体系和多元的财务监控措施。

全方位的财务控制是指财务控制必须渗透到企业的法人治理结构与组织管理的各个层次、生产业务全过程、各个经营环节，覆盖企业所有的部门、岗位和员工。

多元的财务监控措施是指既有事后的监控措施，也有事前、事中的监控手段、策略；既有约束手段，也有激励的安排；既有财务上资金流量和存量预算指标的设定、会计报告反馈信息的跟踪，也有人事委派、生产经营一体化、转移价格、资金融通的策略。

（三）责任中心

建立责任中心、编制和执行责任预算、考核和监控责任预算的执行情况是企业实行财务控制的一种有效手段，又称为责任中心财务控制。

责任中心就是承担一定经济责任，并享有一定权利的企业内部（责任）单位。企业为了实行有效的内部协调与控制，通常都按照统一领导、分级管理的原则，在其内部合理规划责任单位，明确各责任单位应承担的经济责任、应有的权利，促使各责任单位尽其责任协同配合实现企业预算总目标。同时，为了保证预算的贯彻落实和最终实现，必须把总预算中确定的目标和任务，按照责任中心逐层进行指标分解，形成责任预算，使各个责任中心明确目标和任务。

　　责任预算执行情况的揭示和考评可以通过责任会计来进行。责任会计围绕各个责任中心，把衡量工作成果的会计同企业生产经营的责任制紧密结合起来，成为企业内部控制体系的重要组成部分。由此可见，建立责任中心是实行责任预算和责任会计的基础。

　　1. 责任中心的主要特征

　　（1）责任中心是一个责、权、利相结合的实体。它意味着每个责任中心都要对一定的财务指标承担完成的责任；同时，赋予责任中心与其所承担责任的范围和大小相适应的权力，并规定相应的业绩考核标准和利益分配标准。

　　（2）责任中心具有承担经济责任的条件。它有两个方面的含义：一是责任中心要有履行经济责任中各条款的行为能力；二是责任中心一旦不能履行经济责任，就要对其后果承担责任。

　　（3）责任中心所承担的责任和行使的权力都应是可控的。每个责任中心只能对其责权范围内可控的成本、收入、利润和投资负责，在责任预算和业绩考评中也只应包括它们能控制的项目。可控是相对于不可控而言的，不同的责任层次，其可控的范围并不一样。一般情况下，责任层次越高，其可控范围也就越大。

　　（4）责任中心具有相对独立的经营业务和财务收支活动。它是确定经济责任的客观对象，是责任中心得以存在的前提条件。

　　（5）责任中心便于进行责任会计核算或单独核算。责任中心不仅要划清责任而且要单独核算，划清责任是前提，单独核算是保证。只有既能划清责任，又能进行单独核算的企业内部单位，才能作为一个责任中心。

　　2. 责任中心的类型划分

　　根据企业内部责任中心的权责范围及业务活动特点的不同，责任中心可以分为以下三种。

　　（1）成本中心。成本中心是对成本或费用承担责任的责任中心，它不会形成可以用货币计量的收入，因而不对收入、利润或投资负责。成本中心一般包括负责产品生产的生产部门、劳务提供部门，以及给予一定费用指标的管理部门。成本中心的应用范围最广，从一般意义出发，企业内部凡有成本发生，需要对成本负责，并能实施成本控制的单位，都可以成为成本中心。

对于工业企业来说，上至工厂一级，下至车间、工段、班组，甚至个人都有可能成为成本中心。成本中心的规模不一样，多个较小的成本中心共同组成一个较大的成本中心，多个较大的成本中心又能共同构成一个更大的成本中心，从而在企业形成一个逐级控制并层层负责的成本中心体系。规模大小不一和层次不同的成本中心，其控制和考核的内容也不尽相同。

（2）利润中心。利润中心往往处于企业内部的较高层次，如分公司、分厂、分店。一般具有独立的收入来源或能视为一个有独立收入的部门，一般还具有独立的经营权。利润中心与成本中心相比，其权力和责任都相对较大，它不仅要降低成本，更要寻求收入的增长，并使之超过成本的增长。换言之，利润中心对成本的控制是联系收入进行的，它强调相对成本的节约。

（3）投资中心。投资中心是指既对成本、收入和利润负责，又对投资效果负责的责任中心。投资中心同时也是利润中心。它与利润中心的区别主要有两个。一是权力不同。利润中心没有投资决策权，它是指在企业投资形成后进行具体的经营；而投资中心则不仅在产品生产和销售上享有较大的自主权，而且能够相对独立地运用所掌握的资产，有权构建或处理固定资产，扩大或缩减现有生产能力。二是考核办法不同。考核利润中心业绩时，不管投资或占用资产的多少，都不进行投入与产出的比较；而考核投资中心业绩时，必须将所获得的利润与所占用的资产进行比较。

（四）责任预算、责任报告与责任业绩考核

1. 责任预算

责任预算是指以责任中心为主体，以可控成本、收入、利润和投资等为对象编制的预算，它是企业总预算的补充和具体化。

责任预算由各种责任指标组成。责任指标包括：①主要指标，是上述责任中心所涉及的考核指标，也是必须保证实现的指标；②其他指标，是为保证主要指标的完成而设定的，或是根据企业其他总目标分解的指标，通常有劳动生产率、设备完好率、出勤率、材料消耗率和职工培训等。

责任预算的编制程序有两种。一种是以责任中心为主体，将企业总预算在各责任中心之间层层分解而形成各责任中心的预算，其实质是由上而下实现企业总预算目标。这种自上而下、层层分解指标的方式是一种常用的预算编制程序。其优点是使整个企业浑然一体，便于统一指挥和调度；不足之处是可能会遏制责任中心的积极性和创造性。另一种是各责任中心自行列示各自的预算指标，层层汇总，最后由企业专门机构或人员进行汇总和调整，确定企业总预算。这是一种由下而上，层层汇总、协调的预算编制程序。其优点是有利于发挥各责任中心的积极性，但各责任中心往往只注意本中心的具体情况或多从自身利益角度考虑，容易造成彼此协调困难、互相支持少，以致无法达成企业的总体目标。以外，层层汇总、协调，工作量大，协调难度大，影响预算质量和编制时效。

2. 责任报告

责任报告是对各个责任中心执行责任预算情况的系统概括和总结，又称业绩报告、绩效报告。它是根据责任会计记录编制反映责任预算实际执行情况，揭示责任预算与实际执行差异的内部会计报告。责任会计以责任预算为基础，对责任预算的执行情况进行系统的反映，用实际完成情况同预算目标进行对比，可以评价和考核各个责任中心的工作成果。责任中心的业绩评价和考核应通过编制责任报告来完成。

责任报告的形式主要有报表、数据分析和文字说明等。将责任预算、实际执行结果及其差异用报表予以列示是责任报告的基本形式。在揭示差异时，还必须对重大差异予以定量分析和定性分析。定量分析旨在确定差异的发生程度；定性分析旨在分析差异产生的原因，并根据这些原因提出改进建议。

3. 责任业绩考核

责任业绩考核是指以责任报告为依据，分析、评价各责任中心责任预算的实际执行情况，找出差距，查明原因，借以考核各责任中心工作成果，实施奖罚，促使各责任中心积极纠正行为偏差，完成责任预算的过程。

责任中心的业绩考核有广义和狭义之分：广义的业绩考核除对各责任中心的价值指标，如成本、收入、利润及资产占用等责任指标的完成情况进行考核外，还对各责任中心的非价值责任指标的完成情况进行考核；狭义的业绩考核仅指对各责任中心的价值指标，如成本、收入、利润及资产占用等责任指标的完成情况进行考核。

（五）内部转移价格

内部转移价格是指企业内部各责任中心之间进行内部结算和责任结转时

所采用的价格标准。内部转移价格的类型包括以下四种。

1. 市场价格

市场价格（简称"市价"）是以产品或劳务的市场价格作为基价的价格。采用市场价格一般假定各责任中心处于独立自主的状态，可自由决定从外部或内部进行购销，同时产品或劳务有客观的市场价格可采用。

2. 协商价格

协商价格也可称为议价，是企业内部各责任中心以正常的市场价格为基础，通过定期共同协商所确定的为双方所接受的价格。采用协商价格的前提是责任中心转移的产品应有在非竞争性市场买卖的可能性，在这种市场内买卖双方有权自行决定是否买卖这种中间产品。如果买卖双方不能自行决定，或价格协商的双方发生矛盾而又不能自行解决，或双方协商定价不能使企业做出最优决策，企业高一级的管理层就要进行必要的干预。

协商价格的上限是市价，下限是单位变动成本，具体价格应由各相关责任中心在这一范围内协商议定。当产品或劳务没有适当的市价时，也只能采用议价方式来确定。通过各相关责任中心的讨价还价，形成企业内部的模拟"公允市价"，以此作为计价的基础。

3. 双重价格

双重价格就是针对责任中心各方面分别采用不同的内部转移价格所制订的价格。例如：对产品（半成品）的供应方，可按协商的市场价格计价；对使用方则按供应方的产品（半成品）的单位变动成本计价。其差额最终进行会计调整。之所以采用双重价格，是因为内部转移价格主要是对企业内部各责任中心的业绩进行评价、考核，故各相关责任中心所采用的价格并不需要完全一致，可分别选用对责任中心最有利的价格作为计价依据。

双重价格有两种形式：①双重市场价格，就是当某种产品或劳务在市场上出现几种不同价格时，供应方采用最高市场价格，使用方采用最低市场价格；②双重转移价格，就是供应方以市场价格或议价作为计价基础，而使用方以供应方的单位变动成本作为计价基础。

双重价格的好处是既可以较好地满足供应方和使用方的不同需要，也能激励双方在经营上充分发挥主动性和积极性。

4. 成本转移价格

成本转移价格就是以产品或劳务的成本为基础而制订的内部转移价格。由于成本的概念不同，成本转移价格也有多种不同的形式，其中用途较为广泛的成本转移价格有三种：①标准成本，即以产品（半成品）或劳务的标准成本作为内部转移价格，它适用于成本中心或半成品的转移；②标准成本加成，即以产品（半成品）或劳务的标准成本加计一定的合理利润作为计价的基础；③标准变动成本，即以产品（半成品）或劳务的标准变动成本作为内部转移价格，这种方式能够明确揭示成本与产量的关系，便于考核各责任中心的业绩，也有利于经营决策，不足之处是产品（半成品）或劳务中不包含固定成本，不能反映劳动生产率变化对固定成本的影响，不利于调动各责任中心提高产量的积极性。

（六）内部结算

内部结算是指企业各责任中心清偿因相互提供产品或劳务所发生的、按内部转移价格计算的债权、债务。按照结算的手段不同，可分别采取内部支票结算方式、转账通知单方式和内部货币结算方式等。

内部支票结算方式是指由付款一方签发内部支票，通知内部银行从其账户中支付款项的结算方式。内部支票结算方式主要适用于收款、付款双方直接见面进行经济往来的业务结算。它可使收付双方明确责任。

转账通知单方式是由收款方根据有关原始凭证或业务活动证明签发转账通知单，通知内部银行将转账通知单转给付款方，让其付款的一种结算方式。转账通知单一式三联，第一联为收款方的收款凭证，第二联为付款方的付款凭证，第三联为内部银行的记账凭证。转账通知单方式适用于质量与价格较稳定的往来业务，它手续简便，结算及时，但因转账通知单是单向发出指令，付款方若有异议，可能拒付，需要交涉。

内部货币结算方式是使用内部银行发行的限于企业内部流通的货币（包括内部货币、资金本票、流通券、资金券等）进行内部往来结算的一种方式。这一结算方式比内部支票结算方式更为直观，可强化各责任中心的价值观念、核算观念、经济责任观念。但是，它也带来了携带不便、清点麻烦、保管困难的问题。一般情况下，小额零星往来业务以内部货币结算，大宗业务以内部支票结算。

上述各种结算方式都与内部银行有关，所谓内部银行是将商业银行的基本职能与管理方法引入企业内部管理而建立的一种内部资金管理机构。它主要处理企业日常的往来结算和资金调拨、运筹，旨在强化企业的资金管理，更加明确各责任中心的经济责任，完善内部责任核算，节约资金，降低筹资成本。

（七）责任成本的内部结转

责任成本的内部结转又称责任转账，是指在生产经营过程中，对于不同原因造成的各种经济损失，由承担损失的责任中心对实际发生或发现损失的责任中心进行损失赔偿的账务处理过程。

企业内部各责任中心在生产经营过程中，经常有这样的情况：发生责任成本的中心与应承担责任成本的中心不是同一责任中心，为划清责任，合理奖罚，就需要将这种责任成本相互结转。最典型的实例是企业内的生产车间与供应部门都是成本中心，如果生产车间耗用较多的原材料是供应部门购入不合格的材料所致，则多耗材料的成本或相应发生的损失，应由生产车间转给供应部门承担。

责任转账的目的是划清各责任中心的成本责任，使不应承担损失的责任中心在经济上得到合理补偿。进行责任转账的依据是各种准确的原始记录和合理的费用定额。在合理计算出损失金额后，应编制责任成本转账表，作为责任转账的依据。

责任转账的方式有内部货币结算方式和内部银行转账方式。前者是以内部货币直接支付给损失方，后者只是在内部银行设立的账户之间划转。

各责任中心在往来结算和责任转账过程中，有时因意见不一致而产生一些责、权、利不协调的纠纷，企业应建立内部仲裁机构，从企业整体利益出发对这些纠纷做出裁决，以保证各责任中心正常、合理地行使权利，保证其权益不受侵犯。

第二节　筹资管理与投资管理

一、筹资管理

企业筹资是指企业为了满足其经营活动、投资活动、资本结构调整等需要，运用一定的筹资方式，筹措和获取所需资金的一种行为。

（一）筹资的主要方式

1. 吸收直接投资

吸收直接投资（简称"吸收投资"）是企业以协议等形式吸收国家、其他企业、个人和外商等直接投入的资金而形成企业资本金的一种筹资方式。吸收投资和发行股票都是向企业外部筹集资金的方式，发行股票以股票这种有价证券为中介，吸收投资不以证券为中介，是非股份制企业筹措自有资本的一种基本方式。

2. 发行股票

股票是股份有限公司为筹措自有资本而发行的有价证券，是持股人拥有公司股份的入股凭证。发行股票是股份有限公司筹措自有资本的主要方式。股票持有者为公司的股东，证明持股人在股份有限公司中拥有的所有权。

3. 金融机构贷款

金融机构贷款是指企业向银行或非银行金融机构借入的，按规定期限还本付息的款项，是企业负债经营时所采取的主要筹资方式。

4. 商业信用

商业信用是指企业之间在商品交易中以延期付款或预收货款进行购销活动而形成的借贷关系，是企业之间由于商品和货币在时间和空间上分离而形成的直接信用行为。商业信用产生于银行信用之前，但银行信用出现之后，商业信用仍然得到广泛的发展和运用，成为企业的短期筹资方式之一。

5. 发行债券

债券是债务人为筹集借入资本而发行的，约定在一定期限内向债权人还本付息的有价证券。发行债券是企业筹集借入资本的重要方式。

6. 发行短期融资券

短期融资券在西方又称为商业本票，是企业为筹措短期资金而发行的无担保短期期票。发行短期融资券是企业筹资短期借入资本的一种方式。

7. 租赁

租赁是出租人以收取租金为条件，在契约或合同规定的期限内，将资产租借给承租人使用的一种经济行为。租赁直接涉及的是物而不是钱，但它在实质上具有借贷属性，是现代企业筹集资金的一种特殊方式。

8. 联营

联营是指各企业之间根据平等互利的原则，通过协商一致，共同采取某种经营方式的联合经营。随着改革开放政策的不断深化，我国跨地区、跨部门、跨行业、跨所有制的横向经济联合有了很大的发展。企业之间通过联营，可以集中多方面的资金，扩大经营范围，以至建立规模较大的经济联合体，同时还可以进行技术、劳动力、资源等生产要素的联合，发挥各方面的优势，增加企业的活力和竞争能力。联营是企业为扩大生产经营规模而筹集资金的一种重要方式。

9. 企业内部积累

企业内部积累是指企业在税后利润中按规定比例提取的盈余公积金、公益金和未分配利润等。企业通过内部积累的方式筹集资金，既有利于满足扩大企业生产经营规模的资金需求，又能够减少企业的财务风险。企业内部积累是各企业长期采用的一种筹资方式。

（二）筹资的类型划分

1. 根据企业所取得资金权益特性划分

（1）股权筹资。股权筹资形成股权资本，是企业依法长期拥有、能够自主调配运用的资本。股权资本在企业持续经营期间，投资者不得抽回，因而也称为企业的自有资本、主权资本或股东权益资本。股权资本是企业从事生产经营活动和偿还债务的本钱，是代表企业基本资信状况的一个主要指标。企业的股权资本通过吸收直接投资、发行股票、内部积累等方式取得。股权资本由于一般不用还本，形成企业的永久性资本，所以财务风险小，但付出的资本成本相对较高。股权筹资项目包括实收资本（股本）、资本公积金、盈余公积金和未分配利润等。其中，实收资本（股本）和实收资本溢价部分形成的资本公积金是投资者的原始投入部分；盈余公积金、未分配利润和部分资本公积金是原始投入资本在企业持续经营中形成的经营积累。通常，盈余公积金、未分配利润共同称为留存收益。股权筹资在经济意义上形成了企业的所有者权益，其金额等于企业资产总额减去负债总额后的余额。

（2）债务筹资。债务筹资是企业通过借款、发行债券、融资租赁，以及赊购商品或服务等方式取得的资金形成在规定期限内需要清偿的债务。由于债务筹资到期要归还本金和支付利息，对企业的经营状况却不承担责任，因此具有较大的财务风险，但付出的资本成本相对较低。从经济意义上来说，债务筹资也是债权人对企业的一种投资，依法享有企业使用债务所取得的经济利益，因而也可以称为债权人权益。

（3）衍生工具筹资。衍生工具筹资包括兼具股权与债务特性的混合融资和其他衍生工具融资。我国上市公司目前最常见的混合融资是可转换债券融资，最常见的其他衍生工具融资是认股权证融资。

2. 根据筹资媒介划分

（1）直接筹资。直接筹资是企业直接与资金供应者协商融通资本的一种筹资活动。直接筹资方式主要有吸收直接投资、发行股票、发行债券等。直接筹资既可以筹集股权资金，也可以筹集债务资金。按法律规定，公司股票、公司债券等有价证券的发行需要通过证券公司等中介机构进行，但证券公司起到的只是承销的作用，资金拥有者并未向证券公司让渡资金使用权，因此发行股票、债券属于直接向社会筹资。直接筹资的优点在于资金供求双方联系紧密，有利于快速合理配置资金和提高使用效益。直接筹资的局限性主要表现在：资金供求双方在数量、期限、利率等方面受到的限制比间接筹资多；直接筹资的便利程度及其融资工具的流动性均受到金融市场发达程度的制约。

（2）间接筹资。间接筹资是企业借助银行等金融机构融通资本的筹资活动。在间接筹资方式下，银行等金融机构发挥了中介的作用，预先集结资金，资金拥有者首先向银行等金融机构让渡资金的使用权，其次由银行等金融机构将资金提供给企业。间接筹资的基本方式是向银行借款，此外还有融资租赁等筹资方式。间接筹资形成的主要是债务资金，用于满足企业资金周转的需要。与直接筹资比较，间接筹资的优点在于灵活便利、规模经济。间接筹资的局限性主要表现在：割断了资金供求双方的直接联系，减少了投资者对资金使用者的压力；金融机构要从经营服务中获取收益，从而增加了筹资者的成本，减少了投资者的收益。

3. 根据所筹资金来源范围划分

（1）内部筹资。内部筹资是指企业通过利润留存而形成的筹资来源。内部筹资数额的大小主要取决于企业可分配利润的多少和利润分配政策（股利政策），一般无须花费筹资费用，从而降低了资本成本。

（2）外部筹资。外部筹资是指企业向外部筹措资金而形成的筹资来源。从企业的筹资来源来看，除企业内部积累外，其余都属于外部筹资。处于初创期的企业，内部筹资的可能性是有限的；处于成长期的企业，内部筹资往往难以满足需要。外部资金具有供量大、渠道宽、方式多的特征。外部筹资有较多的选择，但是外部筹资往往限制条件多，使资金的使用受到约束。

4. 根据所筹资金使用期限划分

（1）短期筹资。短期筹资是对短期资金的筹集。短期资金是指使用期不超过一年的资金，主要满足生产经营过程中的波动性流动资产需要。短期筹资主要有短期借款和商业信用等方式。

（2）长期筹资。长期筹资是对长期资金的筹集。长期资金是指使用期限在一年以上的资金，主要用于购置固定资产和无形资产、对外长期投资，以及垫支于经常性占用的永久性流动资产。长期资金主要通过直接吸收投资、长期借款、融资租赁、发行股票和债券等方式筹集形成。长期资金对企业稳定经营和持续发展具有重要意义。

5. 根据筹资结果是否反映在资产负债表划分

（1）表内筹资。表内筹资是指可能引起资产负债表中负债与所有权益发生变动的筹资。

（2）表外筹资。表外筹资是指不会引起资产负债表中负债与所有者权益发生变动的筹资。

（三）筹资管理一般原则

第一，遵循国家法律法规，合法筹措资金。不论是直接筹资还是间接筹资，企业最终都通过筹资行为从社会获取资金。企业的筹资活动不仅为自身的生产经营提供资金来源，而且也会影响投资者的经济利益，影响社会经济秩序。企业的筹资行为和筹资活动必须遵循国家的相关法律法规，依法履行法律法规和投资合同约定的责任，合法合规筹资，依法开展信息披露，维护各方的合法权益。

第二，分析生产经营情况，正确预测资金需要量。企业筹集资金，要合理预测资金的需要量。筹资规模与资金需要量应当匹配一致，既避免筹资不足影响生产经营的正常进行，又要防止筹资过多造成资金闲置。

第三，合理安排筹资时间，适时取得资金。企业筹集资金，还需要合理预测筹集资金需要的时间。要根据资金需求的具体情况，合理安排资金的筹集时间，适时获取所需资金。使筹资与用资在时间上相衔接，既避免过早筹集资金形成的资金投放前闲置，又防止取得资金的时间滞后错过资金投放的最佳时间。

第四，了解各种筹资渠道，选择资金来源。企业筹集资金要付出代价，即资本成本。企业通过不同的筹资渠道和筹资方式取得的资金，其资本成本各有差异。企业应当在考虑筹资难易程度的基础上，对不同来源的资金的成本进行分析，尽可能选择经济、可行的筹资渠道与方式，力求降低筹资成本。

第五，研究各种筹资方式，优化资本结构。企业筹资要综合考虑股权资金与债务资金的关系、长期资金与短期资金的关系、内部筹资与外部筹资的关系，合理安排资本结构，保持适当偿债能力，防范企业财务危机，提高筹资效益。

二、投资管理

（一）证券投资

证券投资是指投资者（法人或自然人）购买股票、债券、基金券等有价证券，以及这些有价证券的衍生品，以获取红利、利息及资本利得的投资行为和投资过程，是间接投资的重要形式。

1. 证券投资的对象

（1）股票。股票是股份有限公司经过一定的法定程序发行的，证明投资者的股东身份、所持股份，并据以享受权益和承担义务的有价证券。股票具有永久性、参与性、收益性、风险性、流动性、波动性等特征。

（2）债券。债券是发行者依照法定程序发行，承诺按约定利率和日期支付利息，并在特定时期偿还本金的有价证券。债券具有偿还性、流动性、风险性、收益性等特征。

（3）证券投资基金。证券投资基金是指通过发行基金单位，集中投资者的资金，由基金托管人托管，由基金管理人管理和运用资金，从事股票、债券等金融工具投资，并将投资收益按投资比例进行分配的一种投资方式。证券投资基金具有规模效益、专家管理、组合投资和分散风险等特点。

（4）金融衍生证券。金融衍生证券又称金融衍生产品，是在股票价格、利率、汇率等基础金融工具或基础金融变量基础上利用期货和期权等原理开发出的各种金融创新产品。金融衍生产品通过对这些基础金融产品价格变动趋势的预测，采用支付少量保证金或权利金签订远期合同或互换不同金融产品等交易形式，达到套期保值、投机和套利的目的。金融衍生产品具有联动性、跨期性、不确定性、高风险性和高杠杆性等特点。它包括金融期货、金融期权和权证等。

2. 证券投资的类型划分

（1）股票投资。股票投资是投资者通过购买其他股份有限公司发行的股票以获取盈利或控制权的行为。股票投资具有高风险、高回报的特点。高风险是指股票投资的收益具有很大的不确定性。股利收益的高低取决于发行公司收益水平和股利政策，而买卖股票获取的资本利得更是受多种因素的影响。由于股票投资者承受了较大的投资风险，理应得到较高的投资回报。从世界各国投资收益的长期趋势看，股票的投资收益明显高于债券的投资收益。

（2）债券投资。债券投资是投资者通过购买政府、金融机构或公司发行的债券以获取收益的行为。和股票投资相比，债券投资具有收益稳定、风险小的特点。收益稳定是指债券一般有固定的利息率和付息日，投资者可在规定的时间收到固定的利息。风险小是因为债券有固定的到期日，债券价格的波动通常小于股票，且债券的求偿权在股票之前。

（3）基金投资。基金投资是一种利益共享、风险共担的集合投资方式，即专业投资机构通过发行基金股份或受益凭证等有价证券吸收众多投资者出资进行运作，以规避投资风险并谋取投资收益的证券投资工具。基金投资具有资金的规模优势和专家理财优势，能进行充分的投资组合，从而降低风险、提高收益水平。

（4）期货投资。期货投资是指投资者通过买卖期货合约躲避价格风险或赚取利润的一种投资方式。期货合约是指为在将来一定时期以指定价格买卖一定数量与质量的商品而由期货交易所统一制订的标准化合约。它是确定期货交易关系的一种契约，是期货市场的交易对象。期货投资可以分为商品期货投资和金融期货投资。

（5）期权投资。期权投资是指为了实现盈利目的或避免风险而进行期权买卖的一种投资方式。期权是一种能在未来特定时间以特定价格买进或卖出一定数量的特定资产的权利，期权的买方向卖方支付一定数额的权利金后，就可获得这种权利，即拥有在一定时间内以一定的价格（执行价格）出售或购买一定数量的标的物的权利。期权投资分为股票期权投资、债券期权投资、期货期权投资等。

（6）组合投资。组合投资是指投资者通过购买股票、债券等多种证券以获取收益的投资行为。组合投资具有分散风险、稳定收益的特点。投资者通过证券组合投资，可以有效地降低证券的非系统性风险，从而达到稳定收益的目的。

（二）项目投资

项目投资是以特定项目为对象，直接与新建项目或更新改造项目有关的长期投资行为。新建项目是以新建生产能力为目的的外延式扩大再生产；更新改造项目是以恢复和改善生产能力为目的的内涵式扩大再生产。项目投资是对企业内部生产经营所需要的各种资产的投资，其目的是保证企业生产经营过程的连续和生产经营规模的扩大。在企业的整个投资中，项目投资具有重要地位，它不仅数额大、投资面广，而且对企业的稳定与发展、未来盈利能力、长期偿债能力都有着重大影响。

1. 项目投资的类型划分

（1）长期投资和短期投资。项目投资按投资期限可分为长期投资和短期投资。短期投资又称流动资产投资，是指一年以内能收回的投资，主要是指对货币资金、应收账款、存货、短期有价证券等的投资。长期投资则是指一年以上才能收回的投资，包括对无形资产和长期有价证券的投资。

（2）直接投资和间接投资。项目投资按投资行为的介入程度可分为直接投资和间接投资。直接投资是指由投资人直接介入投资行为，即将货币资金直接投入投资项目，形成实物资产或者购买现有企业资产的一种投资。间接投资是指投资者以其资本购买公债、公司债券、金融债券或公司股票等，以期获取一定收益的投资，也称证券投资。

（3）固定资产投资、无形资产投资和递延资产投资。项目投资按投资对象可分为固定资产投资、无形资产投资和递延资产投资。固定资产投资是指在企业固定资产，特别是生产经营用固定资产方面的投资。无形资产投资是指在企业长期使用而没有实物形态的资产上的投资，如专利、商标和非专利技术等。递延资产投资主要是指在新建项目上的开办费投资。

（4）生产性投资和非生产性投资。项目投资按投入领域可分为生产性投资和非生产性投资。生产性投资是指将资金投入生产、建设等物质生产领域，并能形成生产能力或可以生产出生产资料的一种投资，又称为生产资料投资。非生产性投资是指将资金投入非物质生产领域，不能形成生产能力，但能形成社会消费或服务能力，是满足人们的物质文化生活需要的一种投资。

2. 项目投资的一般程序

（1）投资项目的提出。公司的各级领导都可提出新的投资项目。在一般情况下，公司的高层领导提出的投资项目，多数是大规模的战略性投资，其方案一般由生产、市场、财务等各方面专家组成的专门小组制订。中层或基层人员提出的主要是战术性投资项目，其方案由主管部门组织人员拟订。

（2）投资项目的评价。投资项目的评价主要涉及四项工作：①把提出的投资项目进行分类，为分析评价做好准备；②计算有关项目的预计收入和成本，预测投资项目的现金流量；③运用各种投资评价指标，把各项投资按优劣进行排序；④写出评价报告，请上级批准。

（3）投资项目的决策。投资项目的评价完成后，公司领导者做出最后决策。对于投资额较小的项目，有时中层经理就有决策权；对于投资额特别大的项目，要由董事会甚至股东大会投票表决。不管由谁做最后决策，其结果一般可分为三种：①接受这个项目，可以进行投资；②拒绝这个项目，不能进行投资；③返回给项目的提出部门，重新调查后再进行处理。

（4）投资项目的执行。决定对某项目进行投资后，要积极筹措资金实施投资。在投资项目的执行过程中，要对工程进度、工程质量、施工成本进行控制，以便使投资项目按预算规定保质如期完成。

（5）投资项目的评价。在投资项目的执行过程中，应注意原来做出的决策是否正确。一旦出现新的情况，就要随时根据情况的变化做出新的评价。如果情况发生重大变化，原来的投资决策已变得不合理，那么就要对投资决策是否中途停止做出决策，以避免造成更大的损失。

第三节　营运资本管理与利润分配管理

一、营运资本管理

营运资本是指投入日常经营活动（营业活动）的资本，是流动资产和流动负债的差额。

流动资产是指可以在一年以内或超过一年的一个营业周期内变现或运用的资产，企业拥有较多的流动资产可在一定程度上降低财务风险。流动资产按用途分为临时性流动资产和永久性流动资产。临时性流动资产是指随生产的周期性或季节性需求而变化的流动资产；永久性流动资产是指满足企业一定时期生产经营最低需要的那部分流动资产。

流动负债是指需要在一年以内或者超过一年的一个营业周期内偿还的债务。流动负债按形成原因可分为自发性流动负债和临时性流动负债。自发性流动负债是指企业在生产经营过程中不需要正式安排，由于结算程序而自然形成一部分货款的支付时间晚于形成时间的流动负债，如应付账款、应付票据等，它们是资金的一种长期来源；临时性流动负债是指为了满足临时性流动资金需要所发生的负债，它是资金的一种短期来源。

当流动资产大于流动负债时，营运资本是正值，表示流动负债提供了部分流动资产的资金来源，另外的部分是由长期资金来源支持的，这部分金额就是营运资本。营运资本也可以理解为长期筹资用于流动资产部分，即长期筹资净值。

流动资产投资所需资金的一部分由流动负债支持，另一部分由长期筹资支持。尽管流动资产和流动负债都是短期项目，但是绝大多数健康运转企业的营运资本是正值。

（一）营运资本的主要特点

1. *流动资产的主要特点*

（1）流动资产的来源具有灵活多样性。与筹集长期资金的方式相比，企业筹集流动资产所需资金的方式较为灵活多样，通常有银行短期借款、短期融资券、商业信用、应交税金、应交利润、应付职工薪酬、应付费用、预收货款、票据贴现等多种内外部融资方式。

（2）流动资产的数量具有波动性。流动资产的数量会随着企业内外条件的变化而变化，时高时低，波动很大。季节性企业如此，非季节性企业也如此。随着流动资产数量的变动，流动负债的数量也会相应发生变动。

（3）流动资产周转具有短期性。企业占用在流动资产上的资金，通常会在一年或一个营业周期内收回。根据这一特点，流动资产所需资金可以用商业信用、银行短期借款等短期筹资方式来筹集。

（4）流动资产的实物形态具有变动性和易变现性。企业流动资产的占用形态是经常变化的，一般按照现金、材料、在产品、产成品、应收账款、现金的顺序转化。在进行流动资产管理时，必须在各项流动资产上合理配置资金数额，做到结构合理，以促进资金周转顺利进行。交易性金融资产、应收账款、存货等流动资产一般具有较强的变现能力，如果遇到意外情况，企业出现资金周转不灵、现金短缺时，便可迅速变卖这些资产，以获取现金。

2. 流动负债的主要特点

流动负债具有偿还期限短、成本低、财务风险高、筹资富有弹性等特点。

营运资本管理是企业财务管理的一个重要组成部分，营运资本管理的目的必须符合企业整体财务管理的目的。企业营运资本管理的基本目标就是最大限度地服务于企业的长远财务规划，围绕经营活动现金流量的创造，实现企业价值最大化。当然，流动资产自身没有创造现金流量的能力，对企业价值的形成没有直接影响。但在资本投资性质及其效率既定的情况下，无能的、低效的营运资本管理却会在很大程度上降低企业经营活动现金流量的创造力。

企业应合理确定现金持有量，保持良好的流动资产结构，加快应收账款的回收，使企业整个营运资本按照营运资本管理既定的目标进行运营，促使企业实现价值最大化。为达到这一目的，在营运资本管理中，要求做好以下几点：①合理确定企业营运资本的占用数量；②合理确定短期资本的来源结构；③加快资本周转，提高资本的利用效率。

（二）营运资本管理的主要内容

1. 营运资本投资管理

（1）流动资产投资政策。流动资产投资政策是指如何确定流动资产投资的相对规模。流动资产的相对规模，通常用流动资产占销售收入的比率来衡量。它是流动资产周转率的倒数，也称1元销售占用流动资产。常见的流动资产投资政策有三种类型：紧缩的流动资产投资政策、适中的流动资产投资政策、宽松的流动资产投资政策。在进行流动资产投资政策的选择时，需要考虑以下因素：①该公司对风险和收益的权衡特性；②公司特性；③产业因素；④决策者类型。

（2）流动资产投资日常管理。流动资产投资日常管理，是流动资产投资政策的执行过程，包括现金管理、存货管理和应收账款管理。流动资产投资日常管理是伴随各业务部门的日常生产经营活动进行的。财务部门管理现金流动，生产部门管理存货流动，销售部门管理应收账款流动。这些日常营业活动虽然都会影响公司的流动性，但是财务主管并不直接决策，而是由相关营业人员分散决策。日常营业活动是频繁发生、重复进行的，比如向顾客收款，每天要发生许多次。重复的例行活动的决策过程可以程序化，即通过建立控制系统来完成。例如，企业需要建立现金控制系统、存货控制系统和应收账款控制系统等。财务主管的职责是根据既定流动资产投资政策，监控系统运行的有效性。①

2. 营运资本筹资管理

营运资本筹资管理是指在总体上如何为流动资产筹资，是采用短期资金来源还是采用长期资金来源，或者兼而有之。进行营运资本筹资管理，就是确定流动资产所需资金中短期来源和长期来源的比例。流动资产的投资管理确定投资的总量，也就是需要筹资的总量。而营运资本的筹资管理，主要是确定筹资的来源结构。

流动资产的资金来源，一部分是短期来源，另一部分是长期来源，后者是长期资金来源购买固定资产后的剩余部分。长期资金来源购买固定资产后的剩余部分多，资金来源的持续性强，偿债压力小，管理起来比较容易，称为保守的筹资政策；长期资金来源购买固定资产后的剩余部分是负数，资金

---

①向虎. 企业投资与筹资的资金成本与风险控制问题[J]. 中国商论，2019（06）：96-97.

来源的持续性弱，偿债压力大，称为激进的筹资政策。最保守的筹资政策与最激进的筹资政策之间，分布着一系列宽严程度不同的筹资政策。

二、利润分配管理

公司年度决算后实现的利润总额，要在国家、公司、所有者和职工之间进行分配。利润分配关系着国家、公司、职工及所有者各方面的利益，是一项政策性较强的工作，必须严格按照国家的法规和制度执行。利润分配的结果，形成了国家的所得税收入、投资者的投资报酬和公司的留存利润等不同的项目，其中公司的留存利润是指盈余公积金和未分配利润。由于税法具有强制性和严肃性，缴纳税款是公司必须履行的义务，从这个意义上看，财务管理中的利润分配，主要是指公司的净利润分配，利润分配的实质就是确定投资者分红与公司留存利润的比例。

（一）利润分配的规定程序

公司向投资者分配利润，应按一定的顺序进行，按照《中华人民共和国公司法》的有关规定，利润分配顺序如图1-2所示。

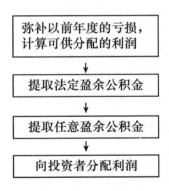

图1-2 利润分配的规定程序

第一，弥补以前年度的亏损，计算可供分配的利润。按我国财务和税务制度的规定，公司的年度亏损，可以由下一年度的税前利润弥补，下一年度税前利润尚不足以弥补的，可以由以后年度的税前利润继续弥补，但用税前利润弥补以前年度亏损的连续期限不超过5年。5年内弥补不足的，用本年税后利润弥补。将本年利润（或亏损）与年初未分配利润（或亏损）合并，计算出可供分配的利润。如果可供分配的利润为正数（本年累计盈利），公司可进行后续分配；如果可供分配的利润为负数（亏损），则不能进行后续分配。

第二，提取法定盈余公积金。可供分配的利润大于零是计提法定盈余公积金的必要条件。如果公司年初未分配利润为借方余额，即年初累计亏损，法定盈余公积金以净利润扣除以前年度亏损为基数（本年净利润−年初未分配利润借方余额），按10%提取；如果公司年初未分配利润为贷方余额，法定盈余公积金计提基数为本年净利润，按10%提取，未分配利润贷方余额在计算可供投资者分配的净利润时计入。当公司法定盈余公积金达到注册资本的50%时，可不再提取。法定盈余公积金主要用于弥补公司亏损和按规定转增资本金，但转增资本金后的法定盈余公积金一般不低于注册资本的25%。

第三，提取任意盈余公积金。任意盈余公积金是根据公司发展的需要经股东会或股东大会决议，从公司的税后利润中提取的。任意盈余公积金不是法定必须提取的，是否提取及计提的比例由股东会或股东大会根据需要决定。

第四，向投资者分配利润。公司本年净利润扣除弥补以前年度亏损、提取法定盈余公积金和任意盈余公积金后的余额，加上年初未分配利润贷方余额，即为公司本年可供投资者分配的利润，按照分配与积累并重原则，确定应向投资者分配利润的利润数额。分配给投资者的利润是投资者从公司获得的投资回报。向投资者分配利润应遵循纳税在先、公司积累在先、无盈余不分利的原则，其分配顺序在利润分配的最后阶段，这体现了投资者对公司的权利与义务及投资者所承担的风险。

（二）股利支付的程序与方式

1. 股利支付的规定程序

（1）股利宣告日，即股东大会决议通过并由董事会将股利支付情况予以公告的日期。公告中将宣布每股应支付的股利、股权登记日、除息日及股利支付日。

（2）股权登记日，即有权领取本期股利的股东资格登记截止日期。凡是在此指定日期收盘之前取得公司股票，成为公司在册股东的投资者都可以作为股东享受公司分派的股利。在这一天之后取得股票的股东则无权领取本次分派的股利。

（3）除息日，即领取股利的权利与股票分离的日期。在除息日之前购买股票的股东才能领取本次股利，而在除息日当天或是以后购买股票的股东，则不能领取本次股利。由于失去了"付息"的权利，除息日的股票价格会下跌。

（4）股利支付日，即公司按照公布的分红方案向股权登记日在册的股东实际支付股利的日期。

2. 股利支付的主要方式

（1）现金股利。现金股利是以现金支付的股利，它是股利支付的最常见的方式。公司选择发放现金股利除了要有足够的留存收益外，还要有足够的现金，而现金充足与否往往会成为公司能否发放现金股利的主要决定因素。

（2）财产股利。财产股利是以现金以外的其他资产支付的股利，主要以公司所拥有的其他公司的有价证券，如债券、股票等，作为股利支付给股东。

（3）负债股利。负债股利是以负债方式支付的股利，通常以公司的应付票据作为股利支付给股东，有时也以发放公司债券的方式支付股利。财产股利和负债股利实际上是现金股利的替代，但这两种股利支付形式在我国公司实务中很少使用。

（4）股票股利。股票股利是公司以增发股票的方式所支付的股利，我国公司实务中通常也称其为"红股"。股票股利对公司来说，并没有现金流出公司，也不会导致公司的财产减少，而只是将公司的留存收益转化为股本。但股票股利会增加流通在外的股票数量，同时降低股票的每股价值。它不改变公司股东权益总额，但会改变股东权益的构成。

第四节　财务分析与业绩评价

一、财务分析

（一）财务分析的意义

1. 基于投资者角度

一般来讲，投资者最注重的是企业的投资回报率水平，并十分关注企业的风险程度，不但要求了解企业的短期盈利能力，也要考虑企业长期的发展潜力，企业财务分析对投资者具有十分重要的意义。它不但说明企业的财务目标是否能最大限度地实现，也为投资者做出继续投资、追加投资、转移投资或抽回投资等决策提供最重要的信息。如果是上市公司，作为投资者的股东，还要了解公司每年的股利分配情况及股票市场的市价变化等。

同时，对于投资者来讲，不仅要求获得当前的盈利和风险的分析信息，还要求获得各期动态分析的信息，这对投资决策更有价值。

除此之外，作为企业的权益者，利用财务分析的结论，可以了解经营者受托责任的完成情况，评价经营者的经营业绩，为继续聘用、重用、奖励或惩罚及解聘某些经管人员提供依据。

2. 基于债权人角度

债权人更多地关心企业的偿债能力，关心企业的资本结构和负债比例，以及企业长短期负债的比例是否恰当。一般来讲，短期的债权人更多地注重企业各项流动比率所反映出的短期偿债能力；而作为长期债权人，则会更多地考虑企业的经营方针、投资方向及项目性质等所包含的企业潜在财务风险和偿债能力。

同时，长期债权人也要了解企业的长期经营方针和发展实力，以及是否具有稳定的盈利水平，这是企业具有持续偿债能力的基本保证。所有这些都要通过全面的财务分析才能实现，并要提供具有针对性的财务指标及相关信息。

3. 基于经管者角度

财务分析信息对提高企业内部经营管理水平、制订有效的内外部决策具有重要意义。企业外界的利益者对企业的影响是间接的，而企业经营管理当局能马上将财务分析信息应用于管理实务，对促进企业各级管理层综合管理水平的提高至关重要。对应用企业内部管理财务分析信息的要求越具体和深入，越有助于企业的经管当局及时了解企业的经营规划和财务、成本等计划的完成情况，并通过分析各种主客观原因，及时采取相应的措施，改善各个环节的管理工作。

同时，财务分析信息也是企业内部总结工作业绩、考核各部门经营责任完成情况的重要依据。

4. 基于政府角度

对企业有监管职能的主要有工商、税务、财政和审计等政府部门，它们也要通过定期了解企业的财务分析信息，把握和判断企业是否按期依法纳税，有无通过虚假财务报告来偷逃国家税款的情况，各项税目的缴纳是否正确，等等。

同时，国家为了维护市场竞争的正常秩序，必然会利用财务分析资料，来监督和检查企业在整个经营过程中是否严格地遵循国家规定的各项经济政策、法规和相关制度。

5. 基于内部员工角度

内部员工不但关心企业目前的经营状况和盈利能力，也同样关心企业的经营前景，他们也需要通过财务分析资料来获取这些信息，知道其辛勤劳动获取了怎样的成果，企业和本部门的有关指标是否完成，了解各种工资、奖金和福利变动的原因，以及企业的稳定性和职业的保障程度等。

6. 基于社会中介机构角度

与企业相关的主要中介机构有会计师事务所、审计事务所、律师事务所、资产评估事务所、各类投资咨询公司、税务咨询公司和资信评估公司等。这些机构站在第三方的立场上，为企业发行股票和债券、股份制改制、企业联营合资及兼并和清算等各项经济业务，提供各种独立、客观、公正的服务。会计师事务所对公司制的企业要进行年审，验证公司会计报表的合法性、合理性和正确性。

各类社会中介机构在为企业提供服务时，都必须获得企业全面的财务分析信息，才能帮助企业做出合理有效的决策。

（二）财务分析的主要内容

1. 经营能力分析

经营能力分析主要是指对企业运用经济资源从事业务经营的能力和经济资源的利用效率进行分析评价。

2. 盈利能力分析

盈利能力分析主要分析评价企业获取利润的能力及利润分配情况。

3. 偿债能力分析

偿债能力分析主要分析评价企业一年以内及一年以上的长短期债务的偿还能力及财务风险。

4. 其他财务情况分析

其他财务情况分析是除了上述内容之外，其他的有关财务情况和经营收支方面的分析，如对投资者投入资本保值增值情况的分析、企业对社会所做贡献的分析等。

5．财务综合分析

财务综合分析是指对企业的财务状况和经营成果进行综合分析评价，对财务指标的相互关系进行研究。

（三）财务分析的相关资料

1．内部资料

（1）核算资料。核算资料是指会计、统计、业务核算记录的，反映企业生产经营和财务活动实际情况的数据资料。在核算资料中，会计核算资料是主要的资料，特别是会计核算所编制的财务报表和财务情况说明书，更是分析的重要依据。核算资料不仅指报告期的，而且包括历史的，特别是最近3~5年的历史资料，以利于了解发展变化情况。

（2）计划预算资料。计划预算资料是指反映企业事前预计和规划的生产经营与财务活动情况的资料，包括财务计划、生产经营计划、各种预算和定额资料。它体现了企业预定的目标和任务。

（3）调研资料。调研资料是指通过调查研究收集的，在核算中没有记载的有关资料。这些资料对核算资料起着引证和补充的作用。

（4）其他内部资料。其他内部资料是指其他有关企业本身生产经营和财务活动的资料。

2．外部资料

（1）市场资料。市场资料是指反映资金、生产资料、消费品等市场供求、价格的变动及市场发展前景的有关资料。

（2）同行业资料。同行业资料是指企业所属行业及同类企业的经营和财务资料、行业内竞争情况的资料、行业发展前景的资料等。

（3）政策资料。政策资料是指有关财政、税收、金融、物价、外贸等经济政策及国家发展经济的方针等方面的资料。

（4）其他外部资料。其他外部资料是指其他与企业发展或决策方案有关的社会、政治、经济、文化状况及国际经济形势等方面的资料。

（四）财务分析的一般方法

1. 比较分析法

比较分析法简称比较法，是通过在同一经济指标不同时间、空间形式的比较中找出差距，据以鉴别和判断的一种分析方法。这里所说的比较，是指指标间相减求得差异数值，或者相除求得差异幅度。

具体运用比较法时，一般把报告期的实际指标与选定的标准指标相比较，标准指标可根据所要了解的情况确定。例如：①为了了解计划的完成情况，可选择计划指标作为标准；②为了了解发展变化情况，可选择上期或历史某期的指标作为标准；③为了说明企业在同行中所处的位置或与竞争对手的差距，可选择同行业的平均指标或者竞争对手的同一指标作为标准；④为了判断指标是否合理合规，可选择约定俗成的公认标准或有关机构和部门规定的标准。

在进行上述比较时，应使对比的指标在这些方面保持一致：①指标的内容性质一致；②指标的时间长度一致，即对于期间数指标，对比双方的时间长度相同；③指标的计算方法一致；④指标的计价标准一致，即比较双方的价值指标是按可比价格计算的。

在实际工作中，要做到对比指标完全一致有时较困难，在这种情况下，可以对指标进行必要的调整，剔除不可比因素，或者在分析中对不可比因素加以说明。

比较法是分析方法中最基本的方法，也是运用得最多的方法之一，它常与其他的一些分析方法结合运用。

2. 比率分析法

比率分析法又称比率法，它是将两个性质不同但有一定联系的指标相除，计算比率，形成一个新指标，用以反映经济现象的内在联系和数量关系的分析方法。

财务比率大多是根据财务报表的有关项目计算的，主要有反映偿债能力的流动性比率、资本结构比率，反映经营能力的资产周转率，反映盈利能力的各种利润率，等等。单个比率揭示的内容有限，根据指标的性质和相互关系，可以把多个比率组成比率体系，进行综合分析。

3. 结构分析法

结构分析法是通过计算和研究结构相对数，据以反映总体内部的结构及局部与总体的数量关系的分析方法。结构相对数是局部指标与总体指标之比，反映局部占总体的比重。

结构分析法可用于财务报表的整体分析，一般用报表各个项目逐一与其中的总体指标相比，计算百分率，得出同型报表（或称为百分率报表）。资产负债表的总体指标为资产总额、负债及所有者权益总额，损益表的总体指标为销售收入，现金流量表的总体指标为现金流入总额。同型报表可以更清楚地反映报表的结构，便于不同时期、不同企业间报表的比较。

4. 趋势分析法

趋势分析法又称动态分析法，是分析经济现象随时间变化的情况及变动趋势的方法。进行趋势分析时，可以把若干时期的同一指标按时间顺序排成动态数列，或者计算动态相对数，以此观察研究变动趋势。

运用趋势分析法对财务报表进行整体分析，即分别计算若干期报表各项目的定基发展速度或环比发展速度，得出趋势报表（或称为指数报表），反映报表各项目的变动趋势。

5. 因素分析法

因素分析法是在某个经济指标比较分析的基础上，进一步研究指标的影响因素及影响关系，并按一定的计算程序和方法从数量上测算各因素变动对指标影响程度的分析方法。具体运用时，首先确定被分析指标受哪些因素的影响，并且把它们之间的关系列成算式；其次选用一定的计算方法，测算各因素对指标的影响程度。常用的计算方法有两种。

（1）连环替代法。连环替代法是在计算中，以连续、依次替换的方式，测算各因素对指标的影响的方法。连环替代法的计算步骤为：①将基准数代入反映指标及影响因素关系的算式，基准数即作为比较标准的数据，如计划数、上期数等；②依次以一个因素的实际数替代基准数，计算出每次替代后指标数值，直到所有的因素都以实际数替代为止；③把相邻两次计算的结果相比较，测算每个替代因素的影响程度；④各因素的影响程度之和与指标的实际数及基准数的差额相等。

（2）差额计算法。差额计算法是连环替代法的简化形式，是依次将各因素实际数与基准数差额代入算式，直接测算各因素对指标的影响的方法。

连环替代法和差额计算法在计算过程中，都是假定其中某个因素变动而其他因素不变，逐次测算各因素影响的数值，当因素变动的先后顺序发生变化，计算的各因素影响的数值就会与原来的结果有出入，但总的影响值不变，即各因素的影响值不是唯一的，这是这两种方法存在的问题。

二、业绩评价

业绩评价是指运用数理统计和运筹学的方法，通过建立综合评价指标体系，对照相应的评价标准，定量分析与定性分析结合，对企业一定经营期间的盈利能力、资产质量、债务风险及经营增长等经营业绩和努力程度等各方面进行的综合评判。

（一）业绩评价的主要内容

1. 财务业绩定量评价

财务业绩定量评价是指对企业一定期间的盈利能力、资产质量、债务风险和经营增长四个方面进行定量对比分析和评判。

企业盈利能力分析与评判主要通过资本及资产报酬水平、成本费用控制水平和经营现金流量状况等方面的财务指标，综合反映企业的投入产出水平及盈利质量和现金保障状况。

企业资产质量分析与评判主要通过资产周转速度、资产运行状态、资产结构及资产有效性等方面的财务指标，综合反映企业所占用经济资源的利用效率、资产管理水平和资产的安全性。

企业债务风险分析与评判主要通过债务负担水平、资产负债结构、或有负债情况、现金偿债能力等方面的财务指标，综合反映企业的债务水平、偿债能力及其面临的债务风险。

企业经营增长分析与评判主要通过销售增长、资本积累、效益变化及技术投入等方面的财务指标，综合反映企业的经营增长水平及发展后劲。[①]

2. 管理业绩定性评价

管理业绩定性评价是指在企业财务业绩定量评价的基础上，通过采取专家评议的方式，对企业一定期间的经营管理水平进行定性分析和综合评判。

---

① 唐先胜. 浅析企业财务业绩评价指标体系[J]. 知识经济，2020（19）：77-78.

（二）业绩评价指标

1. 财务业绩定量评价指标

财务业绩定量评价指标由反映企业盈利能力状况、资产质量状况、债务风险状况和经营增长状况四方面的基本指标和修正指标构成，用于综合评价企业财务会计报表所反映的经营绩效状况。

财务业绩定量评价指标依据各项指标的功能作用划分为基本指标和修正指标：基本指标反映企业一定期间财务业绩的主要方面，并得出企业财务业绩定量评价的基本结果；修正指标是根据财务指标的差异性和互补性，对基本指标的评价结果做进一步的补充和矫正。

（1）企业盈利能力指标。企业盈利能力状况以净资产收益率、总资产报酬率两个基本指标和销售（营业）利润率、盈余现金保障倍数、成本费用利润率、资本收益率四个修正指标进行评价，主要反映企业一定经营期间的投入产出水平和盈利质量。

（2）企业资产质量指标。企业资产质量状况以总资产周转率、应收账款周转率两个基本指标和不良资产比率、流动资产比率、资产现金回收率三个修正指标进行评价，主要反映企业所占用经济资源的利用效率、资产管理水平与资产的安全性。

（3）企业债务风险指标。企业债务风险状况以资产负债率、已获利息倍数两个基本指标和速动比率、现金流动负债比率、带息负债比率、或有负债比率四个修正指标进行评价，主要反映企业的债务负担水平、偿债能力及其面临的债务风险。

（4）企业经营增长指标。企业经营增长状况以销售（营业）增长率、资本保值增值率两个基本指标和销售（营业）利润增长率、总资产增长率、技术投入比率三个修正指标进行评价，主要反映企业的经营增长水平、资本增值状况及发展后劲。

2. 管理业绩定性评价指标

（1）战略管理评价主要反映企业所制订的战略规划的科学性、战略规划是否符合企业实际、员工对战略规划的认知程度、战略规划的保障措施及其执行力，以及战略规划的实施效果等方面的情况。

（2）发展创新评价主要反映企业在经营管理创新、工艺革新、技术改造、新产品开发、品牌培育、市场拓展、专利申请及核心技术研发等方面的措施及成效。

（3）经营决策评价主要反映企业在决策管理、决策程序、决策方法、决策执行、决策监督、责任追究等方面采取的措施及实施效果，重点反映企业是否存在重大经营决策失误。

（4）风险控制评价主要反映企业在财务风险、市场风险、技术风险、管理风险、信用风险和道德风险等方面的管理与控制措施及效果，包括风险控制标准、风险评估程序、风险防范与化解措施等。

（5）基础管理评价主要反映企业在制度建设、内部控制、重大事项管理、信息化建设、标准化管理等方面的情况，包括财务管理、对外投资、采购与销售、存货管理、质量管理、安全管理、法律事务等。

（6）人力资源评价主要反映企业在人才结构、人才培养、人才引进、人才储备、人事调配、员工绩效管理、分配与激励、企业文化建设、员工工作热情等方面的情况。

（7）行业影响评价主要反映企业在主营业务的市场占有率、对国民经济及区域经济的影响与带动力、主要产品的市场认可程度、是否具有核心竞争能力及产业引导能力等方面的情况。

（8）社会贡献评价主要反映企业在资源节约、环境保护、吸纳就业、工资福利、安全生产、上缴税收、商业诚信、和谐社会建设等方面的贡献程度和社会责任的履行情况。

（三）业绩评价的一般标准

1. 财务业绩定量评价标准

财务业绩定量评价标准按照不同行业、不同规模及指标类别，划分为优秀（A）、良好（B）、平均（C）、较低（D）和较差（E）五个档次。对应这五个档次标准的标准系数分别为1.0、0.8、0.6、0.4、0.2，具体见表1-1。[①]

---

① 王培，郑楠，黄卓. 财务管理[M]. 西安：西安电子科技大学出版社，2019.

表1-1　财务业绩定量评价标准示例

档次标准	优秀（A）	良好（B）	平均（C）	较低（D）	较差（E）
标准系数	1.0	0.8	0.6	0.4	0.2
盈利能力状况					
净资产收益率	16.1	10.7	5.6	−1.1	−8.7
总资产报酬率	10.4	7.2	3.2	−0.1	−4.4
营业利润率	30.4	23.2	14.0	6.9	−1.2
盈余现金保障倍数	10.4	5.0	1.2	0.5	−1.1
成本费用利润率	15.3	10.3	4.0	−0.9	−11.3
资本收益率	21.2	13.2	3.0	−4.3	−12.8
资产质量状况					
总资产周转率	1.6	1.2	0.6	0.4	0.2
应收账款周转率	24.1	14.6	6.2	2.8	1.3
不良资产比率	1.1	2.5	4.0	8.8	20.7
流动资产比率	4.0	2.5	1.3	0.6	0.2
资产现金回收率	15.7	11.8	4.5	−2.1	−5.8
债务风险状况					
资产负债率	44.6	57.3	66.3	82.2	97.2
已获利息倍数	6.2	4.5	2.2	1.0	−0.6
速动比率	142.7	112.9	71.8	47.9	30.1
现金流动负债比率	26.9	19.4	5.4	−7.1	−11.4
带息负债比率	25.3	37.6	48.9	72.0	85.4
或有负债比率	0.4	1.3	6.1	14.7	23.8
经营增长状况					
营业增长率	37.8	26.4	10.6	−11.6	−30.7
资本保值增值率	113.2	108.8	104.1	100.3	95.8
营业利润增长率	31.7	21.7	6.3	−14.1	−37.0
总资产增长率	20.4	14.9	7.0	10.5	−9.5
技术投入比率	0.9	0.7	0.5	0.3	0.1

2. 管理业绩定性评价标准

管理业绩定性评价标准根据评价内容，结合企业经营管理的实际水平和出资人监管要求等统一测算，并划分为优、良、中、低和差五个档次。

管理绩效定性评价标准具有行业普遍性和一般性，在进行评价时，应当根据不同行业的经营特点，灵活把握个别指标的标准尺度。对于定性评价标准没有列示，但对被评价企业经营绩效产生重要影响的因素，在评价时也应予以考虑。

（四）业绩评价的一般流程

1. 财务业绩定量评价

财务业绩定量评价方法是运用功效系数法的原理，以企业评价指标实际值对照企业所处行业（规模）标准值，按照既定的计分模型进行定量测算。其基本步骤如下。

（1）提取相关数据，加以调整，计算各项指标实际值。财务业绩定量评价的基本数据资料主要为企业评价年度财务会计报表。为了客观、公正地评价企业业绩，保证评价基础数据的真实、完整、合理，在实施评价前通常应对基础数据进行核实，视实际情况按照重要性和可比性原则进行适当调整。在此基础上，运用各项指标的计算公式，确定各项指标实际值。

（2）确定各项指标标准值。各项指标标准值是有关权威部门运用数理统计方法，分年度、分行业、分规模统一测算和发布的。企业一般可以根据自己的主营业务领域对照国家规定的行业基本分类，选择适用于自己的行业标准值。

（3）按照既定模型对各项指标评价计分。前面已提及，财务业绩评价指标包括基本指标和修正指标，两种指标的计分模型是不同的：①财务业绩定量评价基本指标计分是按照功效系数法计分原理，将评价指标实际值对照行业评价标准值，按照既定的计分公式计算各项基本指标得分；②财务业绩定量评价修正指标的计分是在基本指标计分结果的基础上，运用功效系数法原理，分别计算盈利能力、资产质量、债务风险和经营增长四个部分的综合修正系数，再据此计算出修正后的分数。

（4）计算财务业绩定量评价分值，形成评价结果。在计算出财务业绩定量评价分值的基础上，需要对定量评价进行深入分析，诊断企业经营管理存在的薄弱环节，形成评价结果。

2. 管理业绩定性评价

（1）收集整理相关资料。为了深入了解企业的管理业绩状况，可以通过问卷调查、访谈等方式，充分收集并认真整理管理业绩定性评价的有关资料。财务业绩定量评价结果也是进行管理业绩定性评价的重要资料之一。

（2）参照管理业绩定性评价标准，分析企业管理业绩状况。

（3）对各项指标评价计分。管理业绩定性评价指标的计分一般通过专家评议打分完成（聘请的专家通常应不少于7名）；评议专家应当在充分了解企业管理绩效状况的基础上，对照评价参考标准，采取综合分析判断法，对企业管理绩效指标做出分析评议，评判各项指标所处的水平档次，并直接给出评价分数。

（4）计算管理业绩定性评价分值，形成评价结果。管理业绩定性评价工作的最后是汇总管理业绩定性评价指标得分，形成定性评价结论。

3. 计算综合业绩评价总分，形成综合评价结果

根据财务业绩定量评价结果和管理业绩定性评价结果，按照既定的权重和计分方法，计算出业绩评价总分，并考虑相关因素进行调整后，得出企业综合业绩评价分值。

综合评价结果是根据企业综合业绩评价分值及分析得出的评价结论，可以用评价类型和评价级别表示。评价类型是根据评价分数对业绩评价所划分的水平档次，分为优（A）、良（B）、中（C）、低（D）、差（E）五个等级。评价级别是对每种类型再划分级次，以体现同一评价类型的差异，采用字母和在字母右上方标注"++""+""-"的方式表示。

（五）综合评价报告

综合评价报告是根据业绩评价结果编制、反映被评价企业业绩状况的文件，由报告正文和附件构成。

综合评价报告正文应当包括评价目的、评价依据与评价方法、评价过程、评价结果，以及评论结论、需要说明的重大事项等内容。

综合评价报告附件应当包括企业经营业绩分析报告、评价结果计分表、问卷调查结果分析、专家咨询报告、评价基础数据及调整情况等内容。

第二章　财务审计及其核算管理

企业财务审计是指审计机关对企业资产、负债、损益的真实性、合法性、效益性进行审计监督，对被审计企业会计报表反映的会计信息依法做出客观、公正的评价，形成审计报告。本章探索财务审计的需求及优化措施、财务审计的独立性、财务审计中的会计核算、企业财务审计信息管理。

第一节　财务审计的需求及优化措施

在市场经济条件下，企业需要采取措施提高自身资金的使用效率，避免发生侵占、贪污企业财产的现象。为此，企业需要在财务审计方面加大力度。而且，在激烈的市场竞争中，由于生产规模的扩大，企业的财务审计工作面临着新的问题。随着经济一体化进程的不断推进，为了与国际审计工作保持同步，提高自身的审计工作水平，以及提升财务审计能力，企业在组织开展审计工作的过程中，需要充分利用当前的计算机技术、先进的审计方法等，根据企业财务管理的实际需要，对财务审计工作的特点进行重点分析，以确保自身财务管理工作的顺利展开。

一、财务审计工作的实际需求

在我国，随着经济的不断发展，人们的生活水平逐渐提高，为了满足市场需求，企业需要在现有的基础上，不断扩大生产规模，在这种情况下，企业的财务审计内容随之发生相应的变化。

因此，企业的财务管理部门需要对自身财务审计的内容及财务审计的需求进行研究分析，不断满足自身财务审计工作的实际需求，在明确审计工作要求的前提下，采取相应的措施，在一定程度上提高企业财务审计的效率和工作质量。在新的历史时期，企业通过扩大规模降低生产成本的现象在我国的市场经济中普遍存在，在计划经济向市场经济转变的过程中，随着企业自主权的不断增大，企业的营销渠道拓宽了。在企业日常经营活动中，财务管理工作量因自身配置资源、收支经费等情况而呈现出不断增加的趋势。为了实现财务管理目标，同时提高企业资金的使用效率，企业需要采取措施，进一步完善财务审计工作。企业可以通过建立完善的审计体系，在一定程度上提高财务审计的工作质量，确保企业财务审计工作的顺利展开。

二、优化财务审计的措施

我国企业的管理制度在不断完善，运营建设水平也在逐步提高，拥有科学和完善的企业财务控制制度，可以有效地推进企业管理制度的现代化进程。但是结合当前的情况来看，在外部因素上，市场情况在不断变化，而企业的内部环境也由于相关制度的不断完善和调整而呈现出动态化的特点，如果仍然仅仅采用传统的内部控制制度，则无法适应现代化管理的实际需要。所以企业需要结合自身的实际发展情况，建设一套完善而合理的内部控制制度，以支持企业在新时期的快速发展。

当前我国市场经济得到了充分的发展，各行业内部都存在着较为激烈的市场竞争，所以对于企业来说，建立一套行之有效的财务内部控制系统，就可以对现有的财务风险进行有效的控制，将问题消除于萌芽状态，这也是企业优化现有工作环节的重要手段。

（一）优化配置财务审计人员

企业内部财务审计的内容和对象等随着各种体制的改革而变化着，由此，财务审计人员除了要具备应有的专业知识以外，还需要熟练掌握会计、工程预算、税务及相关的法律知识等诸多内容。这就对财务审计人员的要求太过严苛，能同时具备这些能力的人员甚少，因而企业应根据自身的需要去配置优秀的会计师、工程师、审计师及律师等。

财务审计人员是财务审计工作开展的基础，所以财务审计人员的综合素质对企业整个财务工作具有很大的影响力。

这首先就要求招聘部门在招聘选拔人才的时候应该选择录用高素质、专业性强及工作能力强的综合性人才。其次，对在职的财务审计人员也要进行不定期的专业知识培训和各种与审计工作相关的先进理念交流，进而推动行政事业的健康稳定发展。

（二）加强对财务审计工作性质的认知

随着我国社会的不断发展，财务审计与企业管理的关系越来越密切，因此，企业务必足够重视财务审计工作及其风险。企业的管理者应多强调财务审计工作的重要性，引起员工对财务审计的重视，从而明确财务审计的工作性质。

企业应对内部的审计机构进行重新定位，企业的存在目的是在一定经费保障下，履行国家赋予的公共管理职能，如何有效实现这一目标在很大程度上取决于企业的控制环境，财务审计正是企业改善内部控制、加强内部监督的有效方法之一。

企业应通过财务审计对存在的风险、环境控制进行经常性的审查、分析及评估，提高企业的资金使用效益，防范腐败等行为，不断改善企业控制环境，确保职能目标的实现。要多渠道、多角度地宣传财务审计的价值，以促进企业领导层与干部职工正确认识财务审计。

市场竞争充满复杂性，在竞争过程中会不断有风险和阻力，企业的市场竞争犹如逆水行舟，不进则退，因此企业领导者的眼界和格局决定了企业在市场大潮中的续航能力和续航里程。

实现可持续发展，是企业在市场环境下梦寐以求的终极目标，要实现这样的目标，企业就需要不断提高市场发展综合竞争力水平。鉴于审计工作对于企业管理运营的"纠察"作用，企业领导者必须对审计工作予以足够的重视，从企业自身的市场发展需要出发，加大对财务审计工作重要性的宣传力度，让全体职工都认识到财务审计是企业整个管理体系中必不可少的一项工作，多方改善企业财务审计的执行环境，多方优化企业财务审计的执行流程，不断提升企业财务审计工作的职能功效，促进企业财务审计工作的高质量、高效率运行。

（三）优化财务审计内部机制

企业在建立财务审计内部机制的时候除了要将财务审计部门与其他职能

部门区分开以外，还需要对财务审计部门的人员制订工作规范，避免与其他部门建立利益关系。财务审计工作的开展要按照规范化的规章制度进行，保证财务审计报告数据的真实性。要实现企业财务审计工作的高质量、高效率运行，就必然少不了相关的制度性约束作为运行的保障，因为只有制度的不容侵犯性才能为企业财务审计工作排除外力干扰奠定刚性基础。企业健全财务审计制度的目的是让财务审计工作运行规范，运作有序，操作有法，执行有方。企业财务审计制度的健全要建立在国家相关法律法规的基础之上，要结合企业的具体情况，要符合企业发展的实际需要；企业财务审计制度的健全要起到规范企业财务审计流程的作用，要能够明确财务审计的工作权限和岗位责任，要能够帮助企业建立独立的财务审计监督和评价体系，要能够保证在企业财务收支、资产管理、内部控制、市场融投资，以及经营发展决策等方面发挥出监管的作用。

财务预算对企业的内部控制具有至关重要的作用，因此企业应该建立严谨的财务预算制度，加强预算执行工作。①在建立预算体系的同时，企业还应该加大考核财务预算执行的工作力度，使预算能够真正得到全方位的落实，构建相关制度对财务决算审计、企业年度预算执行等工作进行约束，加大预算执行监督审计的力度，避免出现违规违纪及损失浪费等情况。

（四）保障财务审计的独立性

企业财务审计是一项发生在企业内部的审计行为，也正是因为这种审计行为是发生在企业内部的，所以它的独立性也更容易受到侵害，因而也就更需要对它的独立性给予可靠的保障。按照国际内部审计师协会对内部审计定义的表述，所谓内部审计应该是指一种独立、客观的确认和咨询活动，旨在增加价值和改善组织的营运。它通过应用系统的、规范的方法，评价并改善风险管理、控制和治理的效果，帮助组织实现其目标。审计的独立性指的是内部审计人员能够基于自身的知识、经验和技能自由地开展审计工作，不存在对内部审计人员独立判断产生重大影响的事项。由于企业财务审计职能的行使需要借助企业内部审计机构才能发挥作用，而内部审计机构的领导权又掌握在企业的管理层，因此在财务审计工作中审计人员常常会感受到来自上

---

①任慧彬. 会计审计工作对优化企业财务管理的路径构建[J]. 知识经济，2013（12）：109.

方的压力也就不足为怪了。由于财务审计应有的独立性受到了来自企业管理者的影响，因而审计所得结果的客观公正性就会存疑。要优化企业财务审计路径，就少不了要对企业财务审计的独立性予以确定。

（五）引进现代信息技术手段

电子信息技术、计算机应用技术、互联网技术等新兴通信技术的发展，为企业财务审计引入现代化的技术手段奠定了科学基础。为了提高企业财务审计工作的效率、准确率，尤其是为了提高企业财务审计工作的客观性、公正性，以便更好地优化企业财务审计工作路径，企业毫无疑问地要在财务审计工作中引进这些先进的信息技术手段，借助这些信息技术手段的先进性推动企业财务审计工作的发展。随着企业经济的不断发展，企业业务范围会更加广泛，会涉及更多的方面，企业财务审计的内容更加多样化、数量化和复杂化，所以企业在财务审计工作中引入现代信息技术手段时，务必选择符合企业财务审计要求的办公软件，形成具有自己的审计特色的信息化审计管理系统。只有这样，现代化信息技术的引进才能达成为企业在财务审计工作中优化审计路径、防范审计风险、提高审计效率的目的，才能为企业经济发展行稳致远提供审计保障。

（六）立足新常态，转变企业财务审计职能

我国经济建设由高速增长转向中高速增长，由高数量发展转向高质量发展，经济发展动力由要素驱动转向创新驱动。在新常态下，企业要转变原有的发展理念和发展模式，要主动认识新常态、适应新常态、引领新常态。企业财务审计工作也应尽快转变发展方向，更新审计认识，构建以经营、管理、效益、效果为主的新型审计模式，扩大审计服务领域，转变审计服务职能。随着新常态下新型企业管理制度的建立，企业财务审计工作职能也必须从传统的查错防弊向现代化的咨询服务转变，企业财务审计工作范围也应由对财务数据和会计报表的传统审计扩展到对企业经营、生产、质量等管理领域的审计。不仅如此，为了适应新常态下新的市场经济发展需要，企业财务审计还应通过对会计系统、管理系统、资本系统、成本系统等的监管来为企业市场经营提供风险防范咨询和风险预警服务，并为企业经营发展决策的制订提供坚实的科学实证。

第二节 财务审计的独立性

一、财务审计中的独立性

财务审计中的独立性主要指的是审计工作人员在开展财务审计过程当中，使得自身保持独立性及客观性，不受被审计单位及相关个人的影响。所谓精神方面的独立性，主要指的是审计工作人员在开展审计过程当中，姿态保持独立，从公正客观的角度出发，自由地对审计的相关证据进行收集，根据相关标准以及原则，缜密地评价财务审计证据，严守职业道德，对各个方面的压力不屈服。

毋庸置疑的是，财务审计中的独立性是注册会计师开展审计工作的基础。然而，在其实际开展独立审计工作的过程当中，往往会存在诚信方面的问题，常常忽略了相关的准则。执行准则应该注意对该项流程及其实际本质含义等方面给予深入的认识和掌握。[1]因此，对于财务审计工作人员来说，其不仅要确保精神方面的独立性，而且也应该从形式方面确保独立性，这样才可以获取公众的信任。目前，财务审计中的独立性存在着诸多方面的突出问题，对此审计工作人员应该清楚地认识到这些方面的问题，以提高财务审计的独立性。

二、提高财务审计独立性的举措

针对当前财务审计独立性存在的突出问题，可以从以下方面提高财务审计的独立性。

（一）完善财务审计架构

完善财务审计架构的主要策略包括以下三个方面的内容。

第一，强化合伙制的会计师事务所组织体制的构建和完善。会计师事务所在初期的发展阶段，一般会以有限公司的形式进行运营，但是此种形式的会计师事务所的注册资本水平低，对会计师事务所的长期可持续发展极为不利，也不能使得会计师树立牢固的风险防范意识。而与传统组织体制不同的是，合伙制的会计师事务所所承担的是无限的责任，合伙人的利益与会计师事务所的发展之间存在十分密切的关联性。此外，采取合伙制的组织体制形

---

[1]马宇亮. 论财务审计中独立性的问题及对策[J]. 财经界，2018（14）：122.

式还能够提高注册会计师的独立性，也就确保了财务审计的独立性，同时所出具的财务审计报告也就更加真实，也能够使得财务审计报告具有较强的约束力，促进合作双方的良性发展，不损害双方的利益。

第二，不断完善公司治理结构，选择合适的会计师事务所，改变传统的政府选择模式，可以有效地规避行政干预或者政府干预对财务审计的影响。将委托人制度加以改变，变为审计委托人是企业的股东，而并非管理当局，这样就能够促使股东大会的作用发挥到极致。

第三，促使审计市场的准入水平得以提高。对于规模较大的会计师事务所而言，其担保能力更强，可以有效淡化财务审计活动的地域性色彩，从而使审计市场由于行政干预等方面的历史因素而被人为分割的局势得以有效改善。随着审计市场国际化的发展趋势越来越显著，企业更加需要竞争水平较高的会计师事务所。[1]

（二）提高企业对财务审计独立性的认知水平

高度重视财务审计独立性，能够在很大程度上促使企业快速、高效地发展。企业应该意识到财务审计独立性的重要意义与价值，制订科学化及规范化的财务审计制度，不断完善相关制度，组织审计工作人员培训和学习，强化对其的监管，要求其严格地根据相应的制度来开展财务审计工作，从而保证企业财务审计工作效率和水平的提升。与此同时，还应该注意保持财务审计工作的独立性，为其设置一个相对独立的部门，且构建一个完善和规范化的财务审计结构。

（三）加强对财务审计工作人员的管理和再教育

财务审计工作若要高效、高质地开展，还需注重强化对财务审计工作人员的管理和再教育。企业在选择财务审计工作人员时，应对过程进行严格的把关，一般要选择经验丰富、业务水准高的财务审计工作人员，在确定相关人员后，还需对其进行管理及再教育，定期地组织培训活动，不断充实和更新其专业知识储备库，这样能够在很大程度上提高财务审计工作的水平与质量，财务审计工作的独立性也能够得到保障。与此同时，业务水准高的财务审计工作人员编制出的财务审计报告不仅能够真实地反映企业的财务或者经

---

①马宇亮. 论财务审计中独立性的问题及对策[J]. 财经界，2018（14）：122.

济发展状况，还能够对企业投资人、参股人以及社会公众负责。在这样的合作环境下，双方均能够得到良性发展，促使企业朝着稳健的方向发展。

第三节　财务审计中的会计核算

在企业的经营和管理中，会计工作一直是一项重要的工作，并且在企业的发展中发挥着不可替代的作用。财务审计的工作在实际的会计工作中更是重要的组成部分，它能够对企业的生产经营状况进行正确的反映。企业只有通过财务审计工作对资金流动进行管理，对企业管理中的财务报表等信息进行准确的判断，才能够有效地分析企业中存在的财务和资金问题，采取正确的解决方法。企业经营涉猎领域逐渐多元化，业务规模也呈现出扩张趋势，企业资金运营管理、交易流水账目处理等工作环节也越来越复杂，这对企业的会计核算工作提出了更高的要求。在企业的财务管理工作中，财务审计也具有监督的功能，能够保证企业工作的正确性和准确性。同时，还能够对企业的收益和资金流动进行准确的管理，最大限度地提高企业的经济效益。

企业的会计核算水平直接影响会计信息的准确性，会计核算账目也是反映企业实际经营情况的载体。由于会计信息与会计报表在一定程度上决定了企业经营决策的科学性，因此企业要从会计核算效率及会计账目精确性入手，通过规范会计核算操作行为、管理流程等，降低企业运营风险。

一、企业财务审计与会计核算

会计的监督工作能够有效地保障基本财务会计工作顺利进行，提高整体的财务管理水平。财务审计工作的主要内容就是对财务会计进行真实准确的记录，依照会计原则来监督财务报表的真实性和准确性。财务审计工作的基本出发点是对企业的财务报表进行监督，正确地反映企业的资金状况和流向。财务审计工作对企业的资产和资金进行真实的记录，利用会计监督工作实现对整体的监督，主要起到的作用是防止企业的违法行为，同时也能够实现宏观调控。在企业的管理中，财务审计能够有效地遏制企业中违反相关法律和规定的行为，也能够有效地保证企业的组织管理顺利进行，为企业的发展奠定基础。财务审计属于会计科学审查，主要的研究内容为会计工作的真实记录，以帮助企业管理层透过正确的会计信息来做出正确的决定。

会计核算是指企业在完成一系列经营活动以后，对各项业务活动产生的收支情况进行信息采集，并实现数据整合与报表编制的过程。大部分企业的会计核算都处于事后核算状态，即针对已经发生的业务所产生的经济往来进行账目处理。但事实上，随着现代化企业管理制度相关理论趋于成熟，事后核算工作已然不再适用于企业的发展现状，当前企业的会计核算工作范畴已经延伸到了事前和事中。事前核算就是所谓的预算核算工作，通过对财务与业务内容的编制来预测企业预期的收益状况、成本消耗及行业发展动向等，对企业的经济活动具有指导作用；事中核算主要是指财务部门对企业业务活动执行过程进行阶段性的审计，并编制财务报告向上级如实汇报。

对于以经济效益为管理核心的企业来说，加强对会计核算工作的重视就是提升会计账务反映信息的真实度，从而为企业带来更多的利益。因此，企业应以会计核算工作及会计信息管理作为发展的着力点，指导和控制企业各项业务活动，并与相应的管理机制实现端口对接，通过规范会计核算工作提升企业财务管理水平，促使企业得到可持续发展。

二、企业管理中会计核算规范化的难点

（一）财务监管机制不健全

由于我国企业投入市场化运营时间较短，在内部管理制度方面存在着部分职能缺失的问题。虽然很多企业在市场同行竞争中占有一定的产品优势，但由于内部经营管理缺乏稳定性，专项资金被挪用、资产遭到不法侵占、资金链断裂等风险依旧潜藏于企业的经营管理中。这是由于企业对会计核算工作缺乏重视，企业会计核算工作仅局限于事后财务数据的采集和分析工作，没有针对会计处理工作制订规范化的管理流程，也忽视了财务监管机制的建立，无法发挥会计核算对企业经济活动的指导、监督和预测作用。此外，一些规模较大的集团性企业往往会采用集中核算的方式实施会计处理，但缺少对集中核算流程的监管。例如，企业管理层仅针对核算职能及会计人员进行了细化和分配，但没有统一会计记账方式，也没有制订核算失误处罚规定等，在财务稽核程序缺失的情况下，难免会影响会计信息的准确性。

（二）会计核算项目设置不规范

企业的会计核算工作受相关法律法规的约束，但在会计核算项目设置方面具有一定的自由权限，企业可以依据业务特征及实际需求设置核算细化科目。但财务部门在会计项目设置过程中缺乏独立性，受决策层人员利益驱使，会计科目设置、收入与费用管理、预提款等方面内容与相关会计制度存在差异性，再加上企业存在着人为操纵利润的现象，造成会计审核信息与企业实际经营活动不符，也阻碍了会计核算规范化实施。

（三）会计核算人员素养有待提升

为了适应现代化企业的管理需求，大部分企业在财务管理工作方面需要配备大量的专业人才。但一些企业财务部门多数员工不仅缺乏管理经验，对会计政策解读不够深入，而且对会计核算信息系统及辅助软件的运用并不熟练；同时，部分企业内尚未建立完善的人才培养机制，只要求财务人员具备基本的记账核算和报表编制技能，将更多的资金投入培养技术型人才和营销人才方面，造成企业财务管理团队整体的综合素质无法得到有效提升。此外，由于企业缺乏有效的监管制度，部分会计人员在会计核算工作中缺乏高度责任感，手工操作失误问题频频发生，会计处理也没有严格遵守行业标准、企业管理制度及相关政策法规等，不仅会影响会计信息的系统性和真实性，甚至还会误导企业的经营决策。

三、会计集中核算及其对财务审计工作的影响

（一）会计集中核算的利弊

会计集中核算就是把原来各个单位分别核算的账务统一到会计核算中心集中核算，实行会计电算化。会计集中核算的流程如下：各单位将收入存入会计核算中心开立的银行账户中；各单位需要资金时向会计核算中心提出拨款申请；会计核算中心审核拨款申请并且向符合条件的单位拨款；各单位持各种支付凭证到会计核算中心进行报销。这样既节省了人力和物力，又提高了账务核算的规范性。但是在具体运作过程中，有很多问题也暴露了出来。比如：会计核算中心在审核票据时并不知道票据的支出是否合理合法，仅仅只是就是否有白条发票，发票是否有涂改，发票是否为正式的发票，发票上是否有相关人员的签章等一些表面的现象提出审核意见，而对发票的支出是

否合理合法无法发挥监督的作用。这种现象的产生使得会计人员对单位支出的监督作用大为削弱，也使得审计的过程中必然会出现一些新的问题。

（二）会计集中核算对审计工作的影响

实行会计集中核算后，被审计单位发生财务违规行为的风险大为增加，同时使财务审计工作面临诸多影响，主要包括：第一，对审计模式产生的影响；第二，对会计报告真实性、合规性产生的影响；第三，对审计质量产生的影响；第四，对审计方法和要求产生的影响。

实行会计集中核算，各单位将收入先存入会计核算中心在银行开立的基本存款账户中，各单位需要支出时必须向会计核算中心申请拨款，这样一来，各纳入会计核算中心的单位的开支渠道、开支范围和开支标准都受到了节制。同时，各单位一般性、常规性的账面违纪问题明显减少。但是，会计核算中心无法对被审计单位原始凭证所反映的全部经济事项的真实性进行监督，这样就不可避免地导致了会计信息的失真。会计核算上也存在一些缺陷，特别是专项经费、往来款项在核算上易出现列支不够明细和串户等方面的问题，将增加具体审计的难度。同时，也容易造成资产管理上的账实不符，从而加大了资产管理的难度，最终导致企业资产的大量流失。

另外，由于进入会计核算中心核算的单位在资金使用及纳入核算范围上受到限制，被审计单位会发生新的违纪违规现象。此外，由于各项经济业务已经过会计核算中心的审核，受多种因素的影响，在客观上将增加审计对其结果的依赖性，容易产生认同感，从而也会影响到审计人员对审计事项真实性、合规性进行专业判断的准确性，导致审计风险的加大。

四、会计审计中会计核算方法

作为一种对企业会计工作监督的常用手段，会计审计之所以能够有效发挥作用，主要在于会计审计的方法有效地融合了财务会计的工作方法，从而使得会计审计工作的开展可以更加有效地针对财务会计工作过程中可能存在的漏洞及由此引发的风险采取相应的审计策略，从而有效提高会计审计工作的效率和效果，进一步保证企业财务工作的顺利进行。[1]

①董培玉. 会计审计中会计核算方法的运用思考[J]. 全国流通经济，2020（07）：177-178.

（一）检查财务报表，分析经营实质

检查财务报表的相关内容是会计审计中不可或缺的工作，财务报表是企业财务活动的最终表现形式，也是会计审计工作的重点。会计审计人员通过检查财务报表，并利用对会计凭证、会计账簿的检查结果进行比对，可以在宏观上把握企业会计工作的潜在风险，从而有利于提高会计审计工作的效率。除此之外，会计审计人员通过检查财务报表，分析企业的经营实质，并以此为基础，深入挖掘背后存在的可疑问题，有利于及时发现企业财务漏洞，防止风险扩大。

（二）利用钩稽关系，运用核对法

会计审计的具体工作，通常要考虑所获取的会计信息之间的钩稽关系，以会计资料之间的钩稽关系为线索，通过核对法进行辅助，可以提高会计审计工作的效率。具体而言，会计审计工作中的核对法要求审计人员针对同一个可能存在的风险，同时采用两种以上的相互关联的审计证据进行对比分析，并利用会计数据之间的内在钩稽关系进行核算，最终得出会计数据是否正确的结论。通过会计资料之间的核对，可以有效发现会计工作存在的问题及潜在风险，会计审计人员通过进一步判断风险产生的可能原因，可以有效辅助企业管理层及时修订和完善制度，加强管理，保证企业健康持续发展。通过这样的方式来进行问题的分析，并且运用相关的结果来准确地制订解决措施，可以在最大限度上降低企业的经济损失，保证企业的资金流通。

（三）利用账户对应关系，运用账户分析法

在企业经营和管理的过程中，复式记账法是会计核算方法的主要形式，在账户相互之间建立一种依存、对照的关系，这种关系被称作账户对应关系。在查账的流程中，可以把账户对应关系当作主要的关键点，并且多样化地运用账户分析法。账户分析法主要是建立在账户相关性的基础上的，能够找出其中不合理的现象，同时能够准确、及时地发现和解决问题。在会计核算过程中，对银行的存款和借款进行系统化的分析和管理，查看相关情况，可以为日后检查和管理工作的进行提供重要的保证，及时发现问题和提出解决措施。

（四）合理运用流程分析法

在企业会计审计的具体工作中，流程分析法作为核对法和账户分析法的

补充，成为会计审计工作的常用方法。具体而言，流程分析法是内部审计人员根据审查的具体项目，细致摸排具体的工作流程，并以企业建立的内部控制制度为依据，将整个项目的工作流程绘制成流程图，通过分析整个流程图，找出其中的风险点。流程分析法可以通过十分简洁的形式指出可能存在的风险点，为进一步的会计审计工作提供方向。

企业会计核算工作的目的在于通过对企业生产经营活动过程进行记录和核算，准确、完整地反映企业本会计年度内的经营成果和现金流量，并通过对不同时期的会计记录的对比，分析企业发展中存在的优势和不足，为进一步促进企业目标的实现提供参考。在实际经营中，企业会计工作不可避免地存在漏洞和风险，在这种情况下，会计审计作为一种有效的监督形式，通过单独或者综合运用核对法、账户分析法和流程分析法，可以有效避免经营风险，促进企业良性发展。因此，企业管理层要重视会计审计工作，为会计审计工作的开展创造良好条件。

五、信息时代会计核算方法

（一）公允价值计量

在信息化的时代，公允价值已经成为当下会计界探讨的主要内容。随着社会的发展和变化，历史成本计量和公允价值计量成为主要的探讨内容。历史成本计量法和公允价值计量法是两个主要的核算方式。在目前，历史成本计量法在企业中占有主要的地位，在审计查账的过程中也是主要的核算方法。但是实践表明，公允价值计量法的优势明显高于历史成本计量法。公允价值计量法的优势在于能够更加准确地反映企业的经营现状和负债情况。在信息化的时代，各种信息的数据处理已经普遍应用于会计系统，并且具有自动化这一主要特点，因此公允价值计量法在处理数据方面非常精准。

（二）移动加权平均法

在一定程度上来说，传统的会计工作中普遍都运用先进先出法和移动加权平均法，这样能够有效地保证数据的准确性，但是同样也存在一些缺点。比如说在先进先出法中，在使用存货的过程中，如果每一次使用都要对存货的价格进行计算，那么会降低系统的运行效率，同时也会降低会计核算的速度，造成审计工作的效率下降。移动加权平均法的有效应用不仅能够减少审计人员的工作量，还能有效地提高工作水平和效率，节约企业的成本。在移动加权平均法使用的过程中也会存在信息不及时的缺点，这就要求及时对会计系统进行更新。在当下社会，跨级信息数据采集主要是往动态化方向发展，会计信息系统要及时更新存货价格，实现移动加权核算的自动化，保障企业管理顺利进行。

第四节　企业财务审计信息管理

企业的财务审计指的是对企业的经济项目和活动进行审计的过程。进行财务审计信息管理是企业在社会主义市场经济大环境中的必然选择，而就目前来说，我国多数企业的财务审计信息管理工作中还存在诸多问题，影响企业财务审计工作的正常进行，从而进一步影响企业的发展和进步。因此，针对存在问题实施有效策略来解决问题十分必要。

随着经济的发展，企业中的财务工作日益复杂，问题也就随之变多，而要解决财务工作中存在的问题，就需要财务审计部门来进行财务审计工作。进行财务审计信息管理工作，可以有效地提高企业的经营管理水平，有利于企业的健康发展和运行。除此之外，财务审计信息管理工作还可以在很大程度上降低企业中潜在的财务风险。财务风险是在企业整个财务活动中都有可能出现的问题，一旦问题出现，企业的经济利益和发展利益就会受到很大的影响。而在进行财务审计信息管理工作的过程中，工作人员可以对这些风险和问题进行有效的监督和管理，这样就可以降低企业出现财务问题的风险，使企业的正常运转和长远发展有一定的保障。财务审计信息管理工作还能够引领企业的领导层对公司的财务问题做出正确的决策。

一、企业财务审计信息管理研究背景与意义

（一）企业财务审计信息管理研究背景

审计是一个系统化过程，即通过客观地获取和评价有关经济活动与经济事项认定的证据，以证实这些认定与既定标准的符合程度，并将结果传达给有关使用者。可以看到审计的整个过程是对被审计单位信息收集、整理、分析与判断的管理过程。注册会计师通过一定的方法对收集到的信息进行整理

分析，判断其是否符合审计准则和国家法律法规的规定，并将得出的信息反馈给相关的信息使用者。

信息管理具有微观、中观和宏观三个层次。微观层次上的信息管理是狭义的概念，也就是对信息进行收集、分析、整理，形成信息产品。中观层次上的信息管理是广义的概念，即对信息活动的各种要素进行控制，有效利用信息资源，满足社会需求。宏观层次上的信息管理是指对信息产业进行综合规划和协调，以实现社会信息化的宏伟目标。它不仅包括中观层次上的信息管理，也加入了对信息产业的管理。从这个角度讲，财务审计应属于中观层次上的信息管理，其信息活动是对被审计单位进行了解、评估。这一过程通常包括确立审计目标、制订审计计划、通过一定的手段和方法获取审计证据，然后根据对审计证据的分析和判断得出审计结论，最后出具审计报告。

可以看到审计证据是整个审计过程的基石，在整个审计过程中起着承上启下的作用，是形成审计结论、出具审计报告的首要条件。审计证据就是审计过程中获得的各种信息，具体包括构成财务报表基础的会计记录所含有的信息和其他信息。所以，审计的过程也是对信息进行收集、整理、分析、判断和储存的过程。

信息化的发展，特别是大数据时代的到来为审计行业的发展带来了巨大的变化，在这种环境下，会计核算方式，会计核算的流程，凭证、账簿、报表也发生了质的变化。相应地，审计取证的方式也发生了很大的变化。相关人员不再满足于也不再止步于对财务信息的真实性、公允性进行判断的程度，信息技术和信息方法在审计中也逐渐得到运用。同时，作为审计基石的审计证据类型也由单一走向多元化（文字、图表、音频、视频等）。

但信息技术在提高审计效率的同时，也带来了许多新的问题。在复杂的网络环境下，信息的真实性、可靠性，网络环境的安全、存储问题等又给审计行业带来了巨大的挑战。与此同时，审计行业本身这方面能力不足，缺少专业的信息人员来解决这些问题，从而导致审计效率下降。更可怕的是，公众对审计的信任度一再降低，这大大威胁到了审计行业的生存与发展。而信息管理专门对信息的收集、整理、分析与储存进行研究，具有一套成熟的信息管理方法、技术与体系。

（二）企业财务审计信息管理研究意义

首先，对审计中信息管理的研究是信息化发展的必然趋势。电子商务对传统商业的取代，使信息的使用者对审计的真实性、可靠性产生了怀疑。而信息的使用者往往不能接触到企业的账簿和生产经营的具体过程，所以他们投资决策判断很大程度上依赖注册会计师的审计结论，而在新的时代背景下，审计证据的可靠性和公允性直接影响审计结论的得出。

其次，对审计中信息管理的研究有利于提高审计工作的效率和效果。随着信息技术的发展，审计工作已不仅仅是传统概念上对会计账簿的审查，信息系统的安全性与可靠性也成了审计工作的重要组成部分，对电子审计证据的合理采集有助于审计人员做出正确的审计判断，得出合理的审计结论，从而提高审计工作的效率和效果，降低审计风险。

最后，对审计中信息管理的研究有利于推动信息管理在实践领域的发展。信息管理自20世纪末兴起以来，形成了成熟的理论体系，但现阶段应用面还比较窄，主要应用于图书管理领域，也有一些对商业、建筑、税务行业的研究，但都是处于初探阶段，没有形成体系。本书希望通过探讨用信息管理的方法来解决审计事务中出现的一些问题，以此来推动信息管理在实践领域的发展。

二、企业财务审计信息管理流程与内容

信息管理是信息人员围绕信息资源的形成与开发利用，借助信息技术进行的各种信息活动的总称。与传统的管理相比，信息管理具有自己的特点，其所涉及的对象面很广并随着全球化的发展在不断扩大，几乎渗透到了社会生活的各个领域。信息管理过程包括信息采集、信息组织加工、信息存储与检索和信息服务等。

财务审计信息管理是审计人员围绕财务活动中及审计活动中的信息资源进行采集、分析与整理，借助专业经验与信息技术进行合规性与合法性验证的过程。

现行的审计分为工程项目审计、信息安全审计、网络安全审计、财务审计等。此处讨论的对象是财务审计。财务审计是一项独立的经济监督活动。其主体是接受审计的单位和相关专业人员，对象是被审计单位的财务、生产

运营状况及管理层的经营情况，而这一切都需要通过对信息的管理来实现。财务审计是一个系统化过程，即通过客观获取和评价有关经济活动与经济事项认定的证据，证实这些认定与既定标准的符合程度，并将结果传达给有关使用者。客观获取即对被审计单位与财务审计有关信息的采集；评价即通过分析、整理加上审计师的职业判断来评判这些信息是否真实、可靠，是否符合相关法律法规的规定。

（一）企业财务审计信息管理流程

财务审计信息管理的流程包括审计信息采集、审计信息分析、审计信息存储。审计信息采集是指根据特定目的和要求将分散蕴含在不同时空域的与财务审计相关的信息采掘和汇总起来的过程。审计信息分析是指以用户的特定需求为依据，以定性和定量研究方法为手段，通过对审计过程中收集到的财务数据和相关文件资料进行整理、鉴别、评价、分析、综合等系列化的过程，形成新的、增值的信息产品，最终为决策服务。审计信息存储包括两个部分：一部分是对审计过程中的信息进行存储；另一部分是对审计结束后审计报告和工作底稿进行存储。

（二）企业财务审计信息管理内容

企业财务审计信息管理的内容包括与审计活动有关的所有信息，不仅包括报表、账簿、合同、视频会议记录等记录型信息源，也包括被审计单位的库存商品、固定资产等实物型信息源，以及注册会计师的专业判断等智力型信息源。总的来说，其可以分为财务信息与其他信息两大类。

第一类，财务信息，包括：原始凭证、记账凭证、总分类账和明细分类账、财务报表；成本分配计算表；销售发运单和发票、顾客对账单及顾客的汇款通知单；附有验货单的订购单、发票和对账单；考勤卡和其他记录、个别支付记录和人事档案；支票存根、合同记录；等等。

第二类，其他信息，包括：会议记录；内部控制手册；询证函回函；分析师的报告；与竞争者的比较报告；通过询问、观察、检查等获取的信息；审计师编制的计算表、分析表；等等。

三、企业财务审计信息管理的应对策略

（一）完善政策，加强法律监督

1. 完善法律政策

对于现行企业财务审计信息管理方面存在的不足，在法律政策层面应从以下方面进行改进。

第一，应在法律法规中明确规定审计师的独立性，以保证审计信息和结论的可靠性。法律法规中应明确规定所有权和经营权相分离，由所有权人选择事务所对被审计的财务信息进行审计，而不是由经营权人自行选择，以保持审计师的独立性，进而从根本上保持审计信息的可靠性。另外，法规中应明确规定收费的事宜。确定合理的收费价格，由国家从被审计单位统一收取，再付费给委托的事务所。这样就不会因为收费问题而影响审计质量，从而进一步加强审计信息的可靠性。

第二，法律法规中应对每年的年审时间做出一定的调整，以避免审计时间集中、业务扎堆的现象。可以针对各行业的实际情况规定财务报告出具时间（上市公司的年度财务报告通常是在审计报告报出后3个月内出具）。例如：电力行业通常冬天业务较为繁忙，则可以把年审时间设在6月；而旅游行业则恰恰相反，通常是夏天为繁忙期，则可以把审计时间设在12月前后。这样可以避免与公司的业务活动相冲突，被审计单位的人员可以更好地配合审计师的工作，有利于审计工作的展开，有利于审计信息的采集。

第三，应完善电子审计信息方面的政策，尤其是在审计信息保管方面。审计信息化建设的快速发展，对以纸质材料为主的传统审计档案发起挑战。随着办公自动化的形成和"金审"工程的建设步伐的加快，审计中的许多活动，如审计业务文书的拟稿、审计计划的编排、审计方案的拟订及文件的收发等都已运用自动化系统进行处理。相应地，审计档案资料储存介质和阅读方式也随之发生了变化，这也对目前审计档案的质量提出了更新、更高的要求。

第四，在审计信息的保密方面，相关法律还不健全。虽然相关法律法规对信息保密进行了规定，但却缺少与惩罚机制相关的规定。由于注册会计师、注册审计师这两个资格合并划归财政部管理，除非注册会计师接受委托，办理相关事项，否则《中华人民共和国审计法》中有关信息保密的条款

对注册会计师不起作用。因此，在修订相关法律时，应增加对注册会计师本人违反保密义务的处罚条款，保证法律内容的完备性。

《电子文件管理系统通用功能要求》（GB/T 29194—2012）详细规定了电子文件管理系统通用的功能性要求，对审计信息档案的管理具有一定的指导意义。对信息档案应从前端进行控制，对信息的采集、分析等过程进行全程记录，对企业信息采集系统采集到的信息也要进行规范管理，将文件、数据归档流程写入发文环节、付款环节、验收环节等。抓好文档的前端控制，利用技术手段将电子文档、数据的归档分为逻辑归档和物理归档。针对合同、办公系统等采用实时接口物理归档，在合同系统中嵌入档案移交、接收功能，与档案系统、报账系统进行实时交接。同时，在采购系统中嵌入采购档案管理模块，实时了解、控制采购档案的归档。在管理咨询平台中嵌入管理项目共享平台。对于网络支撑系统的电子数据，由于其数据量大，所以应采取逻辑归档处理的方法。在管理过程中应做好防消磁、防损坏工作。采用备份和镜像技术防止信息的丢失，并对电子文件进行拷贝，存储至安全的环境下，同时应注意杀毒软件和防火墙的运营。此外，对于磁盘、光盘等应进行防写处理，避免擦、划记录涂层，应选择在适合的环境中进行保存。

2. 加强法律监督

目前的监督仅仅是一些相关部门的监督，而且每年检查的次数有限，主要以抽查为主，检查力度太小。应通过创建监督网站或百姓邮箱等方式，鼓励民众举报，实现公众监督，真正把法律监管落到实处，对违法行为进行严惩，对行业内混乱的现象进行治理。法律监管只有落到了实处，才能发挥好其"经济警察"的作用。

3. 完善审计监督体系

到目前为止，我国很大一部分企业并没有形成完善的针对内部财务管理的监督体系，也没有形成一定的财务审计监督体系，这样就会导致企业的财务方面容易出现一些财务风险。因此，企业要提高财务审计信息管理工作的效率和质量，就要建立完善的审计监督体系，对于财务审计信息管理工作中可能出现的问题及风险要结合企业发展现状进行全面深刻的分析，充分利用信息技术对审计工作的整个流程和环节进行有效监督。财务审计部门也要时刻关注自身存在的问题并及时解决，做到履行自己的职能，为了企业的良好发展而努力。

（二）提高相关信息技术水平

1. 提高信息采集技术水平

（1）内部嵌入功能。内部嵌入功能主要是嵌入被审计单位的信息系统中的，主要用途有三个：一是实现对被审计单位的持续审计；二是为电子审计证据的采集做准备；三是在不影响被审计单位信息系统正常工作的情况下进行穿行测试，以验证系统的有效性。

（2）数据采集功能。数据的采集模块可以根据被审计单位不同的信息系统自动进行数据解析和转换，并按类别进行分类。大类可分为财务信息和其他信息。财务信息下分为原始凭证、记账凭证、总分类账、明细分类账与财务报表。其他信息包括被审计单位内部会议记录、内部控制手册、银行往来询证函及回函、分析师报告、借贷款合同和销售合同等。其中，由于财务信息电子化的局限性，被审计单位的信息很多都还是纸质形式的，如收据、审批付款单等。可以采用扫描和快照的技术将此类凭证电子化。

（3）数据存储功能。在大数据时代企业所取得的信息是海量的，所以需要一个专门的仓库把它们分类存储起来，在这里人们可以利用现在已经比较成熟的云存储功能，这样一方面节省了空间，另一方面也有利于数据的安全。这个仓库里包括从被审计单位采集来的信息，也包括来自互联网的与被审计单位有关的信息，如国家宏观政策、经济法规、监管情况等，以及同行业其他竞争企业的生产经营情况、财务报表与主要数据，都可以在这个模块中分类存储。

（4）数据分析功能。在信息化时代里人们不缺信息，但怎样在这海量的信息里找到有用的信息，即审计中的电子审计证据，是人们主要解决的问题。计算机可运用数据挖掘技术中的联机分析处理（OLAP）技术对海量的数据进行归类、整理，也可以在里面嵌入统计分析软件，还可以由审计师根据具体情况自行进行分析。

（5）数据管理功能。数据管理功能模块有两个方面的用途：一方面是对采集到的电子审计证据进行管理，如如何查找需要的证据、如何验证分析这一信息的有效性，以及如何恢复被删除的证据；另一方面是进行数据转换、数据验证、数据查询、数据清理、数据恢复等，还可以用来记录审计师审计工作底稿及在工作过程中的重要运行轨迹。

（6）安全检查功能。安全检查功能模块的用途在于对被审计单位的信息系统环境进行检查，对设计软件的运行环境进行安全检查与保护，对采集到的电子审计证据中的数字文件、数字签名、相关人员审批签字等进行检查，保证其真实性与可靠性。

（7）数据复核功能。财务工作需要审计师的审计来保证其合规性、合法性与真实性。审计师的工作同样需要通过复核来保证其审计质量。审计复核工作应该贯穿整个审计过程，由经验丰富的人员来复核经验较少的人员的工作，由主任会计师来复核各个项目的工作，由质量监督部门来复核主任会计师的工作。复核工作应做到层层相通，环环相扣，一层复核不全面就不能进入下一层工作，就无法出具审计报告。这样在很大程度上可以提高审计工作的质量。

2. 提高信息分析技术水平

要想在海量的信息里找到有用的信息，可运用数据挖掘技术中的联机分析处理技术和孤立点算法对海量的数据信息进行归类、整理。

联机分析处理也称为多维数据分析，是以海量数据为基础的复杂技术，通过不同纬度、不同视角，快速灵活地对数据库中的数据信息进行多角度汇总、聚集、查询和分析，并以直观、易懂的可视化形式将查询分析的结果展示给使用者。目前，我国财务软件正迅速向电子化、集成化、数字化、无纸化和广域化的方向发展，使审计在信息化环境下所面临的风险远远超过了以前。同时，企业财务数据越来越多地与企业资源计划（ERP）、客户关系管理（CRM）等经营数据交织在一起，局限于部分财务数据的静态审计已经无法应对海量的财务信息和经营信息，无法达到审计的质量要求。在这种情况下，只有通过OLAP才能突破传统审计所面临的困境。

人们通过OLAP，可以构建总体分析模型，在一定高度上把握总体，从观察趋势、选择重点到运用钻取、掌握明细，直至发现线索、引导延伸。人们可以采取包含结构、趋势、同比、因素等多种分析方法，自动生成图文并茂的分析报告，并且可以在任意时间生成任意内容（如财务、销售、仓储、采购、应收、应付），同时实现分析报告中的动态钻取，满足审计人员的需要。

销售分析通过建立销售信息分析模型，可以根据业务需求，从产品类型的角度去观察各个地区的销售数据信息（以产品类型和销售地区为维度，以销售额为度量）；也可以从销售模式的角度，观察各个地区的销售数据信息（以销售模式和销售地区为维度，以销售额为度量），可以观察销售收入与销售成本的变化是否匹配，可以快速定位核心客户，并找出潜在的风险，可以随时掌握长期合同的执行情况、利润情况及收款情况。

应收账款信息分析通过建立应收账款分析模型，可以在不影响销售的前提下，最大限度地减少与控制应收账款。快速掌握应收账款的各种情况并及时发现应收账款的异常情况，有助于企业减少"失血"的风险；快速找出应收账款最多的客户，快速观察各区域的应收账款的变化情况与销售情况是否吻合。

仓库信息分析通过建立仓库分析模型，可以观察某一物料的真实周转情况是怎样的，现有的库存还可以用多久，安全库存的设置是否合理，哪些物料占用最多的库存资金，哪些物料有呆滞的风险，账龄分布情况是怎么样的，等等。

财务信息决策评价通过建立财务评价模型，可以从资产负债表、利润表、现金流量表、损益类科目分析等方面反映公司运营状况。

（1）资产负债表中的信息分析。资产负债表分析模型可以观察与历史期间对比的增减情况，资产来源中各项资本的比例情况，资产中流动资产、非流动资产的比例情况，往来款项占资产负债的比例情况，等等。

（2）利润表中的信息分析。利润表分析模型主要观察净利润的构成及收入、成本的配比是否合理，同时与以前年度的利润进行比较，看有无异常变化。

（3）现金流量表中的信息分析。现金流是企业的血液，一个健康运行的企业势必有一个健康的现金流，一位有经验的注册会计师在审计一个企业时首先关注的也肯定是现金流量表，因为资产负债表和利润表都可以运用高超的技术编得完美，但是现金流量表很快就会使其暴露。现金流量表因为具有复杂易变性，所以在审计分析时不好把握，但OLAP技术可以很好地解决这一问题。人们在此基础上，通过结构分析与历史趋势对比来判断企业现金流运行是否健康、问题在哪里等。

（4）损益类科目的信息分析。损益类科目，尤其是主营业务收入、主营业务成本、管理费用、销售费用和营业外收支也是审计师特别要关注的，利用OLAP，可方便快捷地实现历史期间趋势分析与核算分析，并快速发现成本费用是否有异常变动的情况。

数据仓库的主要工作是根据用户的需求建立相关的维度表和度量组，以及这两者之间的关系设置，通过这些设置，可以提供多维数据集给下一步的数据挖掘分析和知识获取。

审计软件中的数据仓库主要包括：会计总账数据库（包括科目表、科目余额表、凭证分录表、凭证表、汇总表等）、固定资产数据库（包括卡片表、余额表、资产类别表、使用状态表、折旧表等）、应收账款数据表（包括收款单、收款单分录、账龄分析表等）、应付账款数据表（包括付款单、付款单分录、账龄分析表等）、工资数据表（包括工资分配表、工资部门表、工资职员表、工资数据表等）。

3. 提高信息存储技术水平

传统的审计信息存储技术有磁存储技术、缩微存储技术和光盘存储技术，以及这三种技术的互相结合。在信息化环境下对审计信息的存储可以利用云技术，这样不仅可以满足大数据时代海量信息的存储要求，也可以降低本地系统的维护成本，加速系统的运转。此外，可以引进"数据库"对海量数据进行管理，并利用数据挖掘技术对采集到的信息进行分析。

例如，在信息采集方面，可对审计信息档案进行捕获登记（捕获是将业务活动过程中生成或接收到的文档作为文件与其元数据一起保存在管理系统中的过程），在捕获的过程中管理系统应支持以原始格式捕获的电子文档，以保证其信息的完整性；如果是多种格式的，应在不同格式之间保持有效联系。同时，应支持授权用户定义和维护能够捕获的文件格式类型，修改应被计入审计跟踪日记。此外，应提供人工辅助功能捕获等。又如，在存储保管方面，对光盘的保管可参照《档案级可录类光盘CD-R、DVD-R、DVD+R技术要求和应用规范》（DA/T 38—2021），采用的存储设备应提供第三方软件集成接口，并将存储设备的管理信息计入系统审计跟踪日志等。再如，在备份恢复方面，系统应提供文件和元数据定期备份功能，一旦系统瘫痪、崩溃而使文件丢失，通过备份能够恢复原有数据。

（三）优化审计信息管理的方法

1. 优化审计信息采集的基本方法

常用的信息采集方法有直接观察法、问卷调查法、访谈法和信息检索法。其中，前三个方法是对一手信息的采集，信息检索法是对二手信息的采集。

直接观察法是信息采集人员凭借本人的感觉器官及思维，以及借助一定的设备，客观地记录信息源产生信息的行为。这种方法其实是现在财务审计最常用的方法，但其缺少系统性，而且人为因素过多，容易导致搜集到的证据不全面、不可靠。

问卷调查法虽然是一种行之有效的信息采集方法，但其设计、实施及事后整理都需要耗费大量的时间和人力，而审计人员时间、成本有限，所以实施这种方法不太现实。

访谈法比较适合审计信息的采集。访谈法实际在审计中有一定的应用，但存在访谈人员不够和访谈形式化的问题。在访谈中，访谈不到的往往是上层管理人员，如被审计单位的董事、经理等。因为其职位较高，而且事务较忙，加之很多人对财务审计工作的重要程度理解不够，所以往往访谈不到，导致审计师缺失对企业宏观政策和管理层经验意图的了解，使审计工作往往处于无从下手的境地。另外，审计中访谈的表格都比较形式化、固定化，量又很多，而且审计准则规定这些工作必须完成，加之时间紧张，在实际中也往往容易形式化。

对具体的审计业务应由审计师根据具体情况自行设计访谈内容，审计准则可提供模板。具体的设计与操作由审计人员自行完成。如果是远程的情况，访谈也可利用电话和网络进行，对访谈计划、过程的记录可以利用审计软件内置模块。这样不仅有利于信息的保存和整理，也便于以后的随时检索与调用。

在审计活动中，审计信息管理人员利用审计软件对被审计单位的信息进行采集，但基本上采集到的只是财务信息，其他相关的信息通常都是向相关人员索要纸质版或电子版资料。这样，很容易导致信息的可靠性和真实性受到影响，而且获得的信息往往不够充分。

在信息采集方面，最麻烦的便是存货方面信息的获取，为了获得与存货有关的信息，人们通常会对存货进行实地盘点。但因为其种类过多，且数量庞大，仅凭几个人员现场的观察和检查是发现不了实质问题的。这时人们可以利用图像扫描技术、视频采集技术及自动识别技术来改变这一现状。

可以利用数码相机和视频采集技术对盘点的过程进行全程拍摄，尤其是对金额重大与性质上对被审计单位比较重要的存货进行重点拍摄。拍摄要保证在连续的时间内完成，或者分派人员在不同的仓库同时进行监盘，以防止被审计单位对存货进行转移。同时，利用自动识别技术对事物进行扫描，以验证其数量、性质与账面所述信息是否一致。采集好后可以直接对视频进行存储，不用再通过"反电子化"的手段，这样不仅可以增加审计证据的真实性，也可以提高审计的效率。此外，还可利用视频设备对被审计单位的会议情况进行记录，对存货和固定资产的盘点状况进行记录，这些都是非常有利于提高审计信息采集真实性、可靠性的方法。随着信息技术的发展，越来越多的审计信息都被附上了条码，如银行询证函和销售发票，这样人们就可以通过条码技术，直接检验审计信息的真实性。

2. 优化审计信息分析的基本方法

通常采用的信息分析方法有逻辑思维方法、专家调查法、回归分析法、决策树法和层次分析法（AHP）等。其中，逻辑思维方法在财务审计信息分析中已经得到了广泛的应用，而专家调查法虽然权威性高，但由于要耗费大量的人力、物力，所以一般使用较少，但在个别情况下也会应用，由于注册会计师本来就是专家型人才，所以在这里讨论意义不大。回归分析法和决策树法主要通过计算机技术对实质性分析阶段的数据进行信息分析。

长期以来，人们对审计风险的评估主要是应用经验来完成的，其标准不好把握，判断的准确性也值得怀疑。人们可以通过信息管理中层次分析的方法建立一套可以量化的指标体系，来对风险评估中的信息进行分析。

层次分析法是美国运筹学家在20世纪70年代提出的一种使用多方案或多目标的决策方法。这种方法适用于结构较为复杂、决策准则较多且不易量化的决策问题。层次分析法的基本思路是找出解决问题涉及的主要因素，将这些因素按其关联、隶属关系构成递阶层次模型，通过对各层次中各因素的两两比较的方式确定诸因素的相对重要性，然后进行综合判断，确定评价对象相对重要性总的排序。

层次分析法的步骤：①将问题概念化，找出研究对象所涉及的主要因素；②分析各因素的关联、隶属关系，并构造系统的递阶层次结构；③将问题按层次分解，对同一层次的各因素关于上一层次中某一准则的重要性进行两两比较，确定对于上一层目标的各自权系数。

这样层层分析下去，直到最后一层，可给出所有因素（方案）相对于总目标而言重要性的排序。

3. 优化审计信息存储的基本方法

审计信息的储存是审计信息管理的重要方面，如果没有审计信息存储，就不能充分利用已采集、分析的信息，而耗费大量的时间对信息重新进行采集、分析。这样不仅降低了信息管理的效率，还增加了信息管理的成本。有了信息存储，就可以保证信息的随取随用，为满足不同信息使用者的需求创造条件。

审计信息的存储应具有以下三个方面的功能。

一是满足不同信息使用者的需求。审计信息的内部使用者主要是审计师，审计师通过采集和分析信息，对被审计单位的财务报表发表审计意见，出具审计报告。如果没有对信息的存储归档，没有充分且可靠的审计信息，审计师要发表出正确的审计意见是很困难的，甚至是不可能的。审计信息外部的使用者有被审计单位的管理层、股东、债权人，还有政府和相关法律监管部门。被审计单位的管理层利用审计信息对本公司的经营管理情况进行分析，发现其中的不足，制订改进方法，从而提高经营管理的水平。股东和债权人通过审计信息来评价管理层的经营管理水平，从而决定是否投资与贷款。政府和相关法律监管部门通过审计信息对相关企业进行监督，看其是否守法经营，运行良好。这些都是建立在所存储的审计信息真实、完整的基础上的，如果没有信息存储，就无法满足以上信息使用者的需求，审计信息管理工作也就失去了意义。

二是资料汇编功能。审计信息材料本身就具有资料的价值。从一定意义上说，这些信息是对企业经营管理和审计工作的反映和真实记录。因此，保存这些信息资料，切实做好审计信息的存储工作，就可以为更深入地、更长久地利用这些信息创造必要的前提条件。审计信息管理部门可以根据行业对审计信息资料进行汇编，然后对这些信息进行分析，如可利用产品生命周期模型对一个行业的发展情况进行分析，也可以利用SWOT分析模型对某一行业里的一个企业进行分析，还可以通过趋势分析法和比较分析法对多个企业、不同行业进行分析，这些都是宝贵的资料，不仅可以提高审计信息管理的水平，而且可以供管理咨询部门使用，实现审计信息的二次利用。

三是检索查询功能。审计信息的存储有利于审计信息的查询和再利用。计算机网络信息库不仅能存储归档大量的信息，而且便于信息的检索利用。无论是提供给信息使用者使用的信息，还是多数没有进入信息使用者视野的初级信息，都是审计信息管理工作的真实记录。为了满足不同信息使用者的需求，从计算机网络来讲，必须设计出方便快捷、使用有效的检索程序，纵有千万条信息，只要检索方便，就可以很好地找到所用的信息。从日常的信息来讲，必须做好登记和分类工作，尽可能把信息理顺。对于当前没有被利用到的信息，也要尽快存储，以便今后的开发利用。信息的参考价值不是来源于某一条信息，而是来自许许多多的信息，没有信息资料的大量存储，就谈不上信息的开发利用。

（四）提高相关人员信息管理素质

1. 端正思想

首先，审计人员应在思想上有一个清楚的认识，即保证审计信息的真实性、完整性是自己的职业使命。只有从思想上有了正确的认识，在工作的过程中才可能不断地探寻真理，采集和存储真实、准确的信息。

其次，审计人员应该有一个不断学习的思想认识。信息化的发展，使得行业内无论是信息的形式、采集技术还是传输方式，都发生着巨大的变化，人们要意识到只有不断学习，才能紧跟时代的步伐，把信息服务工作做得更好。

2. 增强保密意识

应加强对审计人员安全意识的教育培训，不仅应该增强他们的保密意识，还应该增强他们的信息安全意识，如在对被审计单位的信息进行审计时尽量不要联网，在与家人、朋友及其他人交流时要有保密意识。另外，应加强对信息安全的监督，在审计程序中加入信息安全保护软件，同时定期对信息安全工作进行检查。在平时的培训过程中也应加入一些信息素质方面的教育，如信息分析、信息管理等方面的课程，使审计人员对信息、信息化时代都有一个正确的认识，从而可以在工作中更好地收集信息、利用信息。

3. 丰富知识结构

审计信息管理人员必须具备合理的知识结构。高质量、高层次、博学多才、锐意创新的信息管理人员才是市场所需要的，才能在市场竞争中准确采集所需信息，满足广大用户需求。审计信息管理人员只有不断发展、丰富自己，才能立于不败之地。

随着社会的发展，审计信息的用户也发生了很大的变化，对信息的需求也不断增加，而信息存在的方式更是多种多样、复杂多变。若信息采集人员仅具有单一的知识结构，是不能胜任审计信息管理这项复杂的、高水平的工作的。所以在平时的工作中，一方面，相关单位应加强员工多种知识技能的培养；另一方面，相关人员也应该积极汲取新的知识，以使自己可以更好地胜任审计信息管理工作。

（五）扩大财务审计工作的工作范围

目前，我国多数企业财务审计工作的工作范围被局限在财务会计方面，工作范围较为狭窄，并不利于企业长远进步和健康发展。因此，企业在发展的过程中，就必须扩大财务审计工作的工作范围：①企业要建立专门对企业业务进行监督和管理的业务管理部门，加强对企业中各个工作部门的监督和管理，这样有利于企业转变以往传统落后的审计模式，使财务审计信息管理工作朝着科学、合理的方向发展；②建立对财务审计信息管理工作的预警机制，提前做好防范各种问题出现的准备，这样才能在一定程度上使得目前企业中事后审计的问题得到解决；③改变以往企业中财务审计的传统管理办法，学习和引进其他企业先进、科学的财务审计方法和体制，使得企业中财务审计信息管理工作的质量和效率得到有效的提高。

第三章　财务管理与审计的关系

财务管理与审计是企业经济管理活动中不可缺少的内容，协调好二者之间的关系，对于更好地发挥财务管理与审计的作用、改善企业经营管理具有重要意义。本章研究审计视角下科研创新能力与财务管理的提高、以审计结果促进企业财务管理及会计核算、会计审计对建筑施工企业财务管理的促进作用、建筑施工企业会计风险管理中内部审计的作用。

第一节　审计视角下科研创新能力与财务管理的提高

我国科技创新体系日益完善，科研事业单位在科研上的经费投入逐年增加。科研经费是科研事业单位科技创新能力提高、科技进步的一个重要保障。但当前科研事业单位的科研经费使用效率差，存在很多问题，亟须改进。

一、科研事业单位科研经费管理过程中面临的挑战

（一）经费滥用

目前，尽管一些单位界定了科研经费收支使用范畴，但经费使用者挖空心思多报经费，一些项目负责人甚至虚增参加人员，经费使用者混报、滥报，套取科研经费现象仍很严重。

（二）预算编制浮夸

很多科研工作者对预算编制流程不了解，经费预算编制反映不出项目的实际进展情况。一些人基于多报销考虑，经费预算编制没有体现出节约性，经费预算同最初的预算存在很大差距。

（三）固定资产管理不善

仪器设备等最初设备为企业固定资产，但这些支出没有入账，尽管有些入账了，但科研人员多据为己有，使得科研经费管理不善，造成浪费。

（四）监督管理不善

在科研经费的使用上没有完善的监督管理机制，没有相关绩效考核体系，不能对经费开支状况绩效进行综合考核评价，使得科研资金的使用效率低下。

二、科研创新能力和财务管理的提高方法

（一）完善经费管理制度

对于科研经费，各科研事业单位需根据本单位的实际情况制订相应经费管理制度，明确经费支出标准，确定审批权限，对科研人员进行法治教育，对弄虚作假、乱支滥用人员严格惩罚。只有这样，各科研事业单位科研人员的科研经费申请才能有章可循，才能对科研经费进行有效管理。

（二）建立经费内审机构

要提高科研经费财务管理能力，各科研事业单位还需建立经费内审机构。内审机构对本单位的高层直接负责，独立行使审计职能，需对单位科研经费的使用全程把关。内审人员需要向本单位的负责人定期汇报审计的状况，最大限度地降低违规行为发生的概率。内审人员需定岗定员，将责任落实到个人，严格遵守审计制度，避免审计风险。审计部门还需设立举报热线，一旦接到举报，需及时成立审查小组，派专人对案件进行调查处理，并将调查结果及时反馈给相关人员，这样才能最大限度地防止科研经费浪费。[①]

（三）完善经费审计报告

当前很多会计师事务所在科研课题审计报告验收时不负责任，因此科研事业单位科研项目验收审计不能完全依赖会计师事务所，还需要本单位内审人员用自身专业技能对科研经费严格把关，将经费的真实状况反映给领导。对于单位重大科研课题，内审人员需参与到会计师事务所审计验收工作中，监督鉴定质量，不断完善经费审计报告。

---

①杨荣美. 财务审计[M]. 北京：中国税务出版社，2010.

（四）增强绩效审计意识

绩效审计同领导科学决策及资金合理使用直接相关，要做好对科研经费的创新管理，必须增强单位人员的绩效审计意识，创建"绩效优先"的评价机制。具体应做到以下三点。

第一，项目立项阶段需强化预算绩效目标，对科研经费预算不但要从项目可行性方面进行评价，还要对绩效目标进行细化及量化，确保经费预算科学合理。

第二，项目执行阶段需注重经济效益间的统一，在确保项目正常运行的情况下，优先考虑项目投资是否经济，对投资规模进行监控。在条件允许的情况下，需重视项目合理性，如果项目没有明显的经济效益，需重视项目的社会效益。

第三，项目完成阶段需制订并完善财务的支出约束机制，对绩效进行强化追踪，将审计结果同年度考核有机结合，在实践中不断增强人员的绩效审计意识，从而在单位内部形成绩效审计管理的全面文化氛围，不断提高单位科研经费的配置及使用绩效。

（五）提高内审人员素质

内审人员的素质同审计效果及审计质量直接相关。要提高科研经费管理水平，科研事业单位需做到以下四点。

第一，对内审人员进行科学合理配置，确保内审人员既拥有财务、审计能力，又熟悉计算机应用。

第二，在审计过程中还要不断挖掘内审人员的工作潜力，对内审人员进行严格的岗位培训，确保内审队伍稳定有序。

第三，科研事业单位还要同社会审计组织、审计机关保持密切联系，要同这些组织机关就审计方法、审计经验进行交流，促进本单位审计能力及审计质量的提高。

第四，强化各个科研业务部门间的联系交流，让科研部门了解彼此的工作流程，在工作中互相监督，借此增进各部门对内审部门的支持及理解。

总之，各科研事业单位只有正视科研经费管理中存在的问题，并根据这些问题制订针对性改进措施，才能提高单位的科研创新能力与财务管理能力。

第二节　以审计结果促进企业财务管理及会计核算

审计工作在我国现代企业的实际生产过程中占据重要的地位，它能够根据审计结果对我国现有企业的发展状况及财务管理工作进行审查，监督相关业务的开展，对实际的生产经营及操作流程具有核查与督促的作用。在国际化、市场化浪潮中，企业是现代社会经济发展的一个最基础单位。做好审计工作，充分发挥审计结果的作用，把企业的财务管理与会计核算两者同审计结果联系在一起，探究企业发展中存在的问题，对于企业的发展具有深远的意义。

一、审计结果的作用和价值

一个好的审计结果是在细致分析、认真总结的基础上得来的，其本身自带翔实性、科学性，建立在对各种数据进行完整分析的基础之上的审计结果具有整体性及概括性。企业中的审计结果可以帮助企业管理者对企业的各项指标进行系统化的分析，对于企业的决策而言，不仅能够提高决策的效率，同时也能够有助于决策者把握全局，帮助企业决策更加合理化。审计结果使得财务方面的收支情况更加明了，这对于整个企业的财务管理的作用不可小觑。面向整个企业制度的管理，翔实的审计结果可以清楚地看到企业在发展中所占据的优势地位及存在的问题，这对于企业的革新是具有重要意义的。

企业对财务管理工作开展审计工作，可以提高整个企业的财务管理水平，提高工作效率。财务管理工作因其自身与经济直接挂钩，对于企业的利益得失有直接作用。审计工作的开展使财务管理阳光化、数据管理清晰化、会计核算明了化、企业的整体账目清算及利润运营透明化，能够减少整个企业操作流程中存在的谋取私利的不当行为，也有助于企业的纳税与管理。

二、审计结果促进会计核算的实施策略

第一，加大对审计结果的执行力度。审计结果作为一个分析数据，能够体现企业的整体操作水平，企业应加大对企业审计结果的执行力度，对企业的财务管理与会计核算工作进行细化，提高整个工作的准确性，充分发挥审

计结果的优化作用。①分清楚各个部门之间的利益关系，强调企业的整体价值与企业内部的综合效能，提高审计结果的真实性与可靠性，为后期审计结果的功用提供基础保证。

第二，构建审计结果的应用制度。企业应该提高对整个审计结果的重视程度，促使整个企业的运营发展模式及制度建设能够向国际、国内先进企业靠拢，取人之长，补己之短。部分企业的制度建设是不完善的，对于审计结果应用制度的重视度也是不够的。企业应该认识到审计结果对整个企业的财务管理及会计核算的价值与功用，建立并完善相关审计结果应用制度，用制度来规范整个企业财务方面的管理，提高工作效率，敢于革新。构建审计结果应用制度，提高审计结果的真实性与可靠性和审计工作水平，能够完善企业内部的结构管理。

第三，需要强化对审计结果的监督管理。审计结果要对实际的应用过程产生有价值的影响，首先要保证审计结果数据的实用性；其次就是要在整个应用过程中加强管理与监督，对企业的财务管理及会计核算进行适度的干预与监督，加强企业内部的建设，提高企业内部决策的公开度与透明度，应用一定的考核制度规范激发审计工作人员的工作热情，强化对企业审计工作的监督与管理，尽量减少无序化的操作，这对于提高企业的财务管理及会计核算水平有很强的促进作用。

审计工作能够为现代企业的正常高效运营提供一定的保障。应用审计结果促进财务管理和会计核算，提高企业财务运营的公开性与透明度，可以提高企业的整体运营效率。形成系统化、严密化的审计结果应用制度，加强对审计结果的执行与监督，能够促进财务管理与会计核算工作的有效开展。

第三节　会计审计对建筑施工企业财务管理的促进作用

企业经营活动的外在表现形式是财务管理，而财务管理是企业经济决策的重要依据，其还体现了企业的经营发展状况，对企业的发展有着重要的作用。会计审计工作主要包括处理会计报表、会计凭证、资产核算、项目评

①曾壁鹏. 大型企业实行会计集中核算对财务管理的影响及对策[J]. 全国商情, 2016
（23）: 29-30.

估、审查核查等。提高企业的财务管理水平，做好企业的财务管理和会计审计的工作，对于企业的生存发展是至关重要的。

一、建筑施工企业财务管理

（一）建筑施工企业的特征

建筑施工企业是指从事建筑工程、设备安装工程，以及其他专项工程施工的生产型企业，通过组织、利用生产资料将劳动对象建造或安装成为特定的工程产品。其根据在建筑市场上所处领域、发挥的作用、企业规模或施工方式不同，有多种分类，如按建筑施工的资质等级分为特级资质、一级资质等，按承接工程的能力和规模分为总承包、专业承包、专业分包、劳务分包等，按生产方式不同分为建筑施工企业、安装企业、装饰企业等。建筑施工企业的特殊性主要体现在以下四个方面。

1. 建筑施工企业具有特殊的经营模式

建筑施工企业一般是通过招标或议标等方式取得某项工程项目的承包合同的。

2. 建筑施工企业具有特殊的生产方式

建筑施工企业通过施工生产活动，把各种建筑材料转变为具有特定用途的各类建筑产品，这就和其他企业的生产方式大为不同。施工所需要的材料、人员、机械、车辆、临时设施用品等需要在不同地区、项目、工程之间合理调配，体现出一定的流动性。

3. 建筑施工企业生产特殊的产品

建筑施工企业建造的产品一般为不动产，大多涉及国家基础建设项目和国计民生工程，如房屋、道路、桥梁、设备等，其具有固定性、使用年限长的特点。

4. 建筑施工企业具有特殊的组织模式

建筑施工企业的组织模式是以项目部为主开展生产经营活动，一般一个工程对应一个项目部，项目部由项目经理全权负责。

（二）影响建筑施工企业的因素

当前，国内的建筑施工企业竞争较为激烈，这将导致利润率的降低，一方面招投标时的投标价会被压低，另一方面建筑施工企业的成本费用居高不下，这成为当前国内建筑施工企业首先需要解决的问题。而在具体施工项目中，建筑施工企业的财务管理状况又会受到外部、内部种种因素的影响。

1. 影响建筑施工企业的内部因素

影响建筑施工企业的内部因素主要来自企业自身，包括以下几点。

（1）战略决策风险。企业的战略是指企业根据环境的变化、本身的资源和实力选择适合的经营领域和产品，形成自己的核心竞争力，并通过差异化在竞争中取胜。企业战略是一个企业的灵魂，一旦企业战略决策失误，将会导致企业在竞争中丧失优势，无法形成核心竞争力，使企业面临破产倒闭的风险。

（2）盲目投融资风险。每个企业都想发展壮大，为了获取利润会大量承揽工程项目，扩大企业生产规模，势必需要大量的资金来满足其日常生产经营的需要，企业需要融资，当然也就面临着融资风险。当前大多数建筑施工企业还是以银行借款为筹资的主要方式，此种融资方式限制条件较多，如果建筑施工企业没有考虑到自身的清偿能力，没有寻求到融资和偿债的最优比例，而是盲目融资，便会使财务风险加大。

在工程项目招投标中，一些建筑施工企业为了承揽工程盲目压低标价，并且在缺乏充分的前期调查的情况下盲目投标，忽视对自身财务状况的了解，这就形成了投资风险。建筑施工项目的投资周期长、不确定性因素多且复杂，对建筑施工企业投资影响较大，如缺乏对项目的调研，将会增加建筑施工企业的投资成本，加大投资风险，使得建筑施工企业面临财务危机。

（3）建筑施工企业存在垫资施工财务风险。在当前的具体施工项目中，工程前期或者工程进行到完工一定比例之前，工程建造所产生的费用都是由承包方来先行垫付的。发包方从自身风险防范角度出发，为了与建筑施工企业共同分担风险，也要求建筑施工企业垫付一定比例的工程款，建筑施工企业往往处于弱势的一方，迫于竞争的压力只有接受此种垫资施工的方式。这种垫资施工方式会长期占用企业流动资金，容易使建筑施工企业正常生产活动因无流动资金而无法维持。

（4）成本控制风险。要在激烈的竞争中保持一定的盈利水平，合理控制成本就显得尤为重要。建筑施工企业的成本可分为直接成本和间接成本两部分，具体包括材料费、人工费、机械设备使用费、临时设施费、相关管理费用等，应该加强成本控制，使总成本在工程的目标成本范围内。如果成本控制不利，导致成本过高，将直接影响企业的盈利水平，甚至影响企业的生存发展。

（5）资金回收不及时。在当前的建筑市场中，承建单位往往为了中标压低报价，而且工程前期要自己垫付资金，到跟业主结算时要不来工程款，有时候即便在最终结算后，工程款也无法全部收回，这便会影响企业自身资金周转，增加财务成本，恶化财务状况，势必会增加企业自身的财务风险。

（6）缺乏财务风险评估与预警机制。当前国内的大型工程项目，往往由国有大型建筑施工企业承担，而大多数国有建筑施工企业缺乏财务风险评估机制和预警机制。风险评估机制可以对投资项目进行可行性分析，为最终是否投标提供参考，而预警机制可以有效防范各种财务风险。两种机制的缺乏，极易导致财务风险的发生。

2. 影响建筑施工企业的外部因素

影响建筑施工企业的外部因素主要包括系统性风险和行业内风险两项。

（1）系统性风险。系统性风险即市场风险，指由整体政治、经济、社会等环境因素构成的风险，主要包括国家政治格局、国家的经济政策、所处发展阶段及发展水平、国家的经济体制改革状况，以及具体的各项经济因素，如货币流通量、利率与汇率水平、金融市场发展状况、金融与财税政策、产业政策等。

（2）行业内风险。在建筑业里横向比较而言，国内的建筑施工市场竞争十分激烈，再加上经济全球化势不可当，中国的开放程度越来越高，许多国际知名建筑施工企业将不断进驻国内，参与到我国的经济建设中来，这势必使我国的建筑施工企业面临着更加激烈的竞争。在这样的大环境下，经营规模较小的企业经营状况不好就有可能被国外大企业所兼并，国有大企业也可能会重组，在激烈竞争的同时也带来了机遇，人们可以学习国际知名企业的先进管理经验，来提高我国企业的经营管理水平。

（三）建筑施工企业的财务管理模式

1. "总部–项目部"财务管理模式

"总部–项目部"财务管理模式，即总部管理项目部，以项目部为主的财务管理模式。项目部是建筑施工企业经济核算的基本单元，是经济管控的重心，也是经济效益的源头。加强项目财务管理和成本管控，是实现项目经营目标的前提和保证。①项目部应该依据具体工程而设立，每一个具体工程都对应一个建造合同，也应该对应一个具体的项目部，工程、建造合同、项目，三者是一一对应的，在建造合同上都有甲乙双方，规定甲乙双方的权利和义务，工程建设严格按照合同来执行。

（1）项目财务机构设置。项目部应设置专门的财务部门，至少由项目财务负责人和出纳组成，如果项目规模大，可增加一名核销会计。对于项目财务负责人，建议实行委派制，由上级单位机关财务部门下派专门人员到项目任职，其关系依旧保留在机关，薪酬待遇在机关，考评由机关财务部结合项目部的意见给出。多个项目证明，实行项目主管会计委派制度，对加强项目部的财务管理、减少经济犯罪具有明显的作用。

（2）项目部财务管理的责任和权限。

项目部财务管理的责任包括：①监督执行公司内部各种管理办法，确保其正确实施；②项目的日常核算，按期编报各种报表；③管理和使用项目资金，保证资金使用产生最大收益；④进行税收筹划，在遵守税收法规的前提下，保证项目的最大利益；⑤往来款的清理，工程款的收回；⑥项目人工成本的核算，发放项目人员工资；⑦协助其他部门做好项目的结算工作，按期催收工程进度款。

项目部财务管理的权限包括：①在项目目标成本的基础上进行成本二次分解，按照层级落实管理责任；②依据上级授权签订分包、物料采购、外雇劳务用工等经济合同；③经上级批准可以购建施工用的临时设施、小型机具等；④经批准可以开立银行账户，办理日常收支业务；⑤核销日常施工中的各项支出。

（3）项目部理财原则。

①领导班子集体理财原则。项目的财务管理必须坚持"集中管理、统一协调、岗位相制约、领导班子定夺"的原则。材料供应商的选择、分包单位的选择、大批量物资采购合同的签订、大金额款项的支付、意外事项的处理都必须通过项目领导班子的讨论决定，防止出现暗箱操作和经济问题。

项目部的经费开支必须做到公开透明，普通员工都有权质询与自身相关的

①任凤辉，刘红宇. 施工企业财务管理[M]. 3版. 北京：机械工业出版社，2018.

待遇、福利等问题，对外采购、分包付款、招待协调费都应该有明确的记录，项目部的钱花到什么地方必须对员工有一个交代。费用报销的审批权不应该仅仅集中在项目一把手，而是要层层审批，充分发挥领导班子群策群力的作用。

②做好开支的计划。项目正式上马前，要根据下达的经济责任成本把各项目标成本、指标做分解，编制资金计划，上报给公司审批，以便于上级单位为此项目准备相应的启动资金。项目开工后，必须根据实际情况，严格执行上报后得到审批同意的资金计划，该收的款集中力量争取按期收回，该付的款尽快办齐手续，按期支付。

③保证资金充分利用。项目的资金来源应该主要是甲方的预付款及上级单位的少量垫款，不得擅自对外以高额的利息为代价借款来获得项目资金。在项目进行的过程中，必须及时督促业主、监理等单位及时结算，保证进度款的按期拨付，避免大量垫付资金，加大资金成本的现象。

④联合审批制度。联合审批制度是指项目的资金使用需要遵循申请、批准、使用的程序。项目部需及时上报资金使用计划，把资金的使用控制在上级批复的额度内。在使用资金时，需要业务部门申请、主管部门复核、项目经理签字审批、财务部门最终依据规定履行付款手续。只有这样的联合审批制度才能保证资金使用的安全。

在实际工作中，应重点控制分包工程付款、大额材料付款、征地协调付款等大宗支付业务。分包工程付款原则上不应超过项目综合进度，最终结算后付款额控制在结算量的90%以内，并注意代扣代缴相关税费。

2. ERP财务管理模式

企业可以利用ERP信息系统规范财务管理流程，加强内部控制管理。ERP信息系统是指建立在信息技术基础上，以系统化的管理思想，为企业决策层及员工提供决策运行手段的管理平台。随着网络信息化程度的不断提高，ERP信息系统在企业中的应用也得到了飞速发展。如今相当一部分建筑施工企业已经应用ERP信息系统来规范企业管理的方方面面，尤其是在财务管理模块中，ERP信息系统发挥着重要作用。内部控制制度是由企业管理层制订的用来规范企业内部财务行为、处理企业内部财务关系的具体规范。ERP信息系统与内部控制制度有效结合，对建筑施工企业加强财务管理、控制建造合同成本、实现财务目标发挥着重要作用。

（1）ERP信息系统。ERP是指企业资源计划，企业资源包括采购、生产、库存、成本、销售、运输、财务、人力资源等。ERP就是将企业内部所有资源整合在一起并进行规划，从而达到最佳资源组合，获取最高利润。企业的管理模块分割为生产管理、供应链与物流、销售与客服、财务管理、人力资源，ERP信息系统将这五大管理模块的资源有效整合，成为企业管理的核心部分。

在企业的整个生产运作、管理流程中，每个环节都是不可分割的一部分，每个模块分别发挥着各自的管理功能。ERP信息系统就是要将每个子环节紧密联系起来，整合各种资源信息，使其形成一个企业资源管理的统一体。其中，财务管理作为ERP信息系统中的核心部分，又是联络其他各个管理环节的桥梁和纽带，在企业的信息化管理中发挥着关键作用，比如：供应链、物流与资金流密切相关；生产管理及日常生产经营管理离不开成本管理控制的问题；销售环节则涉及财务应收账款的管理。

只有每个环节中的财务问题都处理好了，才有可能保障企业整个生产经营活动的正常运转，才能提高企业整体的信息化水平。目前无论ERP信息系统在哪个行业开展应用实施项目，财务管理模块始终会作为其核心的职能模块，这也逐步被诸多已实施或准备实施ERP信息系统的企业重视，建筑施工企业当然也不例外。实现企业的信息化管理已经是大势所趋，ERP信息系统的上线是实现信息化管理的重要手段。在建筑施工企业中上线ERP信息系统，有助于帮助企业管理者更容易地了解企业承揽的施工项目、合同进展程度、合同收支情况，便于企业管理者对于各个工程项目进行有针对性的管理，更好地执行新的建造合同准则，对于提高建筑施工企业经营管理水平和盈利能力发挥着巨大作用。

（2）利用ERP信息系统规范财务管理流程。相对于传统的企业管理模式而言，ERP信息系统最大的优势就是信息共享。它能够整合企业所有资源，在业务模块与财务模块之间搭建信息沟通的桥梁，创建一个信息共享的管理平台，从而能够实现财务管理共享，具有"信息集成化、管理模式扁平化"的特点。系统内的管理范围得到了扩展，包含了对企业生产经营各个环节的管理控制，结合每个企业的具体情况，把各个环节组合在一起，形成一套高效的管理流程，其中任何一个环节的管理工作都可以从其他环节中及时获取准确、客观的信息，从而有利于本环节的分析和决策。

对于建筑施工企业而言，利用ERP信息系统中的各个功能子模块，发挥其强大功能，可以有效实现建造合同的基本信息管理，以及工程项目的资金管理、成本管理、收支管理等，实现信息共享。由于ERP信息系统的存在，各项业务均能按照ERP规定的模式来展开，从而达到规范工程项目的财务管理流程的目的。

在ERP信息系统中，可以设置下级公司相应的权限，例如：在资产管理授权方面，子公司的责任是保证资产的安全完整和正常使用，通过运用资产来创造利润，各项资产的采购权限要收归上一级母公司，当资产需要报废处置时，子公司也应该受到母公司的限制；在资金支出授权方面，子公司拥有部分财务支配的能力，但其资金支出审批仍要受制于母公司，要按照资金支出金额的大小进行逐级审批；在融投资授权方面，母子公司要严格按照集团规定的集权与分权事项，按部就班地行使各自的职权，特别需要强调的是，下级子公司不得越权进行融资和投资活动。

二、会计审计对建筑施工企业财务管理的促进作用的体现

（一）有利于提高建筑施工企业对会计审计的重视程度

会计审计是在相关的法规制度及财务程序下，对企业会计信息完整性、真实性、合法性的审查。会计审计工作在一定程度上为建筑施工企业提供了决策的依据，避免预算等决策失误造成的损失给建筑施工企业带来严重后果。因此，建筑施工企业必须重视会计审计在企业财务管理中的重要性，规范企业的会计审计工作，将财务管理作为企业发展的重要战略。

（二）有利于完善建筑施工企业的财务管理体系

建筑施工企业通过在实际工作中对会计审计的运用，能够及时发现财务管理制度中的问题和漏洞，从而使企业财务管理体系不断完善，这对建立健全企业制度有着重要的意义。通过财务体系的不断完善，企业也可以杜绝内部贪污腐败、以权谋私等现象的发生，为企业的发展创造一个良好的氛围。

（三）有利于提升建筑施工企业财务报告的质量

会计审计通过对企业财务人员的监督，履行监督职能，严格规范财务工

作。同时，会计审计通过对建筑施工企业的经济活动进行预估和核算，确保企业财务报告的准确性、真实性，从而不断提高建筑施工企业的财务管理水平，进而提高建筑施工企业财务报告的质量。

（四）有利于提高建筑施工企业财务人员的综合素质

会计审计可以帮助建筑施工企业发现财务管理工作中的问题，并提出相关的建议和解决措施，促使建筑施工企业不断完善财务管理体系。同时，还能使企业意识到加强对财务人员专业技能和自身素养的培训的重要性，从而增强财务人员的风险防范意识和财务管理能力，确保建筑施工企业在经济活动中的合法性，进而为建筑施工企业创造最大的经济效益。

三、建筑施工企业会计审计的完善措施

（一）完善会计审计监督体制

建立健全会计审计的监督体制，有利于为企业提供良好的发展环境，对推动企业发展有着重要的意义。因此，建筑施工企业必须提高对会计审计工作的重视程度，将会计审计工作合理运用到企业的管理中，从而加强对经济活动的预算评估、对经济活动过程及成本的控制，在一定程度上保障建筑施工企业的经济安全，从而降低建筑施工企业风险并使企业效益最大化。建筑施工企业还应完善内部财务管理体系，比如成立会计部，通过公开财务信息，实现财务的透明化、制度化。同时，发挥会计的监督功能，保证会计审计的真实性和准确性，使企业管理者掌握企业财务状况，为管理者提供决策基础。

（二）加强对会计审计的控制

建筑施工企业应加强对会计审计的控制，使建筑施工企业和会计审计之间形成相互制约、相互联系的关系，确保建筑施工企业的合法、有序运转，这也是企业提高财务管理水平的重要前提。建筑施工企业应设置不同的工作岗位，做到各司其职、职位分离，以防止出现管理问题，导致财务管理人员出现贪污腐败、弄虚作假的情况；履行跨级审计的监督职能，加强质量控制，及时发现并纠正信息错误，严格对账本记录进行审查，确保资料合法、完整、有效，从而使企业经营者及时掌握企业经营和财务情况；加强对企业

资产的管理，确保企业资金安全，尤其要加强对企业实物资产的管理，做到严格清点和控制，以防止企业资产流失。

（三）保证会计审计部门的独立性

会计审计作为约束建筑施工企业经济行为的一种重要手段，保证其监督职能的实施，推动会计审计工作的有序开展，有利于企业经济的持续稳定发展。建筑施工企业应确保会计审计部门的独立性。首先，应保证会计审计部门不受领导层的直接干扰，确保财务资料的合法性、客观性、真实性，从而实现财务的公开、透明。其次，应定期对会计审计工作进行抽查，提高会计审计工作质量，以做到有效规避风险。同时，也要与时俱进地运用科学手段，如运用计算机软件等提高会计审计工作效率。最后，要重视企业内部控制审计，重视财务会计审计和管理组织结构的有效性，创造良好的企业发展环境。

（四）提高会计审计人员的综合素质

一个企业的发展水平的高低很大程度上取决于员工素质的高低。因此，建筑施工企业必须注重对会计审计人员素质的培养，提高会计审计人员的专业技能和专业水平，使他们遵守职业道德，力求在工作中做到公开透明、严谨细致、求真务实。同时，建筑施工企业要制订合理的规章制度，对经济活动进行约束；定期开展对会计审计人员的专业技能培训，使其学习先进的会计审计方法，使会计审计人员不断提高自身的专业技能和专业水平；建立健全考核制度和竞争淘汰制度，合理地运用奖惩制度与薪酬制度，从而激发会计审计人员的工作热情，提高工作效率和工作质量。

第四节　建筑施工企业会计风险管理中内部审计的作用

外界市场的变化给建筑施工企业财务管理带来了巨大的风险，使建筑施工企业面临着新的挑战。内部审计是抵御会计风险的重要手段之一，在会计风险管理中发挥着重要的作用。

一、会计风险管理的组成

建筑施工企业会计风险管理的组成如下。

（一）会计风险管理的固有风险

完备的和科学的会计理论无疑有利于会计实践的开展。反之，如果会计理论自身存在无法克服的局限性，将会给会计实务带来损害，会计人员因此而承受的风险被称为固有风险。

从经验的角度来看，虽然会计是一项实践性很强的工作，但是其理论结构体系却是由一些抽象的概念构成的，具体包括会计目标、会计假设、会计原则、会计准则和会计技术等，特别是其中的会计假设、会计准则，使得会计核算的依据并不那么牢靠和可信。在物价发生剧烈变动的情况下，历史成本原则将不再适用，由此提供的会计信息的相关性可想而知。会计准则作为会计人员从事会计核算工作的规范，其中的许多不确定措辞导致了会计人员过多地运用职业判断，必然会引发会计人员处理会计业务的主观随意性。以上因素决定了固有风险的存在，它具有客观性，人们无法主观地将其消灭。

（二）会计风险管理的控制风险

控制风险是指用以规范会计信息系统运行的控制制度、规则存在缺陷，造成会计信息失实，使会计人员遭受损失的风险。会计控制制度是指用以规范依附于社会经济活动的会计行为的一系列规则，是社会规则的一部分。现实中的会计制度总是不完备的。会计建立的理论基础不严密，同时会计制度本身存在"扩散"问题，因而会计制度是不可能没有漏洞的；会计环境的复杂性及不确定性，使得会计制度的有限理性制订者不能完全准确地记录过去、了解现在和预测未来，从而不能制订出完备的会计制度；制度的制订者也是利益追求者，不可避免的利益倾向性使其无法站在中立的立场上制订出公正、公平的会计制度。会计制度是处于某种有限理性状态的人或组织在特定时间，针对特定市场，根据不完备的信息制订出来的，是不完备的，其对会计行为及会计人员的约束力是有缺陷的，最终导致会计信息系统输出的信息质量不高甚至失实，使会计人员面临风险威胁。

（三）会计风险管理的监督风险

监督风险是指内部控制不能发挥应有的作用，导致会计信息失真，进而造成损失的风险。单位内部会计监督制度是对经济活动进行内部管理的需要，是内部控制制度的重要组成部分，其根本作用在于衡量和纠正会计人员的活动，以保证经济活动符合规定的要求。内部控制可分为内部会计控制和内部管理控制，其目的都是加强各单位资产的安全保护和促进会计信息的真实可靠。有效的内部控制制度，对于规范会计行为、提高会计信息质量具有重要的作用。

在现实环境中，企业对内部控制在提高会计信息真实性及促进科学决策方面的作用的关注还远远不够，会计内部控制制度还不够系统、不够完善，也不够科学，执行上的随意性还比较大。内部控制不能有效地保证会计信息的真实性，加上其他因素的影响，必然造成会计信息严重失真的不利局面。

（四）会计风险管理的职业道德风险

职业道德风险是指会计人员因对自身利益的理性追求而违背职业道德，进行不实的会计处理，提供虚假的会计信息，导致其遭受损失的风险增加，这属于会计风险中有意造成的风险。会计人员作为有限理性经济人，在现有的约束和条件下存在追求自身利益最大化的动机和倾向，此时可能会自觉或不自觉地违背职业道德。在现实生活中，会计人员违反职业道德，提供虚假财务信息的例子屡见不鲜。会计人员违背职业道德导致会计信息失真是一个比较严重的现象。

二、会计制度中的风险体现

（一）固有风险体现

固有风险属于会计风险中客观存在的一种风险，它主要是外部的各种客观环境导致的一种不可避免的风险。固有风险主要来源于会计制度弹性的客观存在。会计制度弹性是指由于某些因素的影响，会计制度中允许财务报告的提供者在财务报告决策过程中做一定程度的主观判断或自由选择。会计制度弹性主要体现在以下几个方面。

第一，会计制度规定了对于本质上相同或相似的经济业务可以自行选择不同的处理程序和方法。

第二，会计制度所运用的文字并非严格界定的语言，而是具有一定的模糊性的，从而导致不同的人对会计制度产生不完全一致的、有偏差的理解，这主要体现在会计制度中使用"很可能""可能""重要的""相似的""主要的"等不确定性的描述性词语上，这样会造成不同的企业可能会产生大相径庭的理解。例如，我国于2001年出台了《关联方之间出售资产等有关会计处理问题暂行规定》，进一步规范了上市公司向关联方出售资产、承担债务和费用、进行委托或受托经营业务等的会计处理。根据该规定，上市公司与关联方之间的交易，如果没有确凿证据表明交易价格是公允的，则对显失公允的交易价格部分，一律不得确认为当期利润。在这个规定里，价格"显失公允"不见具体的衡量标准，这就属于会计制度弹性。

第三，会计制度制订的规则导向造成企业可以通过形式重于实质的经济交易设计来达到合法误报会计信息的目的，即会计制度未能约束那些表面上符合会计制度的要求，但实质上却违反交易的本质的会计行为。

第四，在确定经济业务对会计要素影响的数量方面，存在着主观判断选择的空间。比如，受环境的变化或者其他原因的影响，对资产减值的确定、对资产折旧的确认、对固定资产使用年限的确定、对残值的估计、对预计负债的估计、对或有事项的判断等，都存在着一定的主观判断的空间。

会计制度弹性，影响着企业固有风险水平的高低。造成会计制度弹性的原因包括：①经济环境与交易的复杂性和不确定性导致会计制度客观上必须具有弹性。②人的有限理性导致人类无法制订出完全的契约，任何制度都只能是不完全契约，会计制度也不例外。人类的理性能力受制于所处环境的复杂性和不确定性，以及人类自身的种种限制，理性是有限的，并不是完全充分的。[①]

（二）控制风险体现

1. 企业内部环境和外部宏观环境

内部环境包括企业文化环境、管理层和董事会树立的经营氛围、人事环

[①]王培，郑楠，黄卓. 财务管理[M]. 西安：西安电子科技大学出版社，2019.

境、信息传递环境等；外部环境主要是指国家和社会的各项经济政策、行业所处的宏观环境及政治环境。充分了解和把握控制环境，是设计内部控制制度的一个关键性基础。在设计制度时对企业环境的考虑要有先后之分，即应当在把握整体外部宏观环境的基础上，紧扣企业自身的内部环境。

2. 风险评价

在考虑环境因素后，企业就必须对自身所处的或所掌握的环境进行一定的风险评价，具体包括风险识别和风险分析。企业应针对自身的行业状况、经营情况、管理层态度及财务目标等，选取一个合理的风险区位，在此基础上制订内部控制制度。

3. 控制活动与监控

控制活动主要是指确保管理层的指令得到实施的政策和程序；监控是指对内部控制制度的执行实施跟踪反馈的行为。这两者实质上就是关于内部控制制度执行的监督机能。

4. 信息与沟通

信息与沟通是内部控制的重要组成要素。科学技术不仅是第一生产力，也是影响信息与沟通的重要手段。计算机网络技术的发展、各种财务管理软件的发明、各种数据库的建立，极大地提高了会计核算的准确性、及时性，降低了会计信息的生产成本，同时也降低了实证研究的成本，使理论认识的提高反过来促进会计实践的进步。

（三）监督风险的体现

企业需要的不仅仅是制度上的完善设计，还需要相应地将监督机能转化为一种执行的压力或动力，从而降低控制风险，达到对会计风险的有效控制，即内部监督机能的好坏体现了控制风险水平的高低。监督机能的构建可以从以下两个方面加以考虑。

第一，从直接的角度去设计健全的内部监督机制，具体包括岗位设置的不相容和权力分工、监督职能机构的设计与权力及保证执行效果的一系列奖惩制度。内部监督机制的设计要尽量体现全面、动力与压力的有效结合，以及执行的可行性等。关于内部监督机制的内容构建，可以说是包含在企业的整套内部控制制度之中的，前面已有所述及，在此不再赘述。这里只需要强调，内部监督机制的设计可以体现企业控制风险的水平，它的效果直接影响着执行效果。

第二，从间接的角度去反映或"牵制""检验"内部控制的执行效果。具体而言，对内部控制制度的执行情况除了通过完善制度本身以达到监控的目的和效果以外，还可以基于"反观"的态度，采取一定的方法进行内部控制执行的检查和反馈，同样也可以达到对其监控的目的。对此，笔者的思路是企业可以适当引入和运用一些财务指标来分析内部控制的执行情况。

对于内部控制的监控，可以引入财务管理的系列指标，具体包括偿债能力指标、盈利能力指标、管理营运指标及发展能力指标等，将其进行横向和纵向的比较，从而使内部控制得到反馈。

（四）职业道德风险的体现

风险源于责任，会计风险产生于相应的会计责任。会计责任是建立健全内部控制制度，保证资产的安全性和完整性，保证会计资料的真实性、完整性和合法性，如果一个单位的会计人员没有尽职尽责地做到这一点，就必然面临着巨大的会计风险。会计行为是会计行为主体在其内部动因驱动和外部环境刺激下，按照会计行为目标的要求，遵循一定的行为规则，利用会计这门学科所特有的理论方法、手段，对会计主体因其经济活动而引发的交易、事项和情况进行处理，形成会计信息并传递给使用者的一种实践活动。会计行为的过程和结果受会计人员自身业务素质、各种利益关系、法律及职业道德规范、价值观及个性等多因素的影响。

不同的会计行为主体对同一经济业务进行处理的结果可能存在差异，当这种差异达到足以使信息使用者的决策产生失误并给会计人员带来损失时，就存在会计风险。可见会计行为风险是会计人员的过失、疏忽、侥幸或恶意等不当行为导致会计信息误报、错报乃至错控，从而使会计人员承担相应损失的风险。

会计行为与会计风险紧密相关，它既包括会计人员的个体行为，也包括群体、组织和领导行为。风险的诱惑效应直接影响会计行为，从而构成会计行为风险。从某种意义上讲，除会计固有的制度风险外（实际上制度也是由人设计和执行的），几乎所有会计风险都与会计行为有关。会计行为风险显然构成了会计的主要风险。这种风险影响整个会计风险的强度，通常表现为会计人员受利益驱动而导致的职业道德风险，其将成为会计安全性的重要威胁，是会计行为的主要风险。因此，对于职业道德风险是基于员工行为的角度来进行考量的。

三、建筑施工企业的会计风险现状

（一）在融资方面面临很大风险

在建筑行业中，一条主要的资金获取渠道就是企业融资。市场竞争较为激烈，致使一些建筑施工企业需要预支一些工程款来得到合约的签订。为了得到更多资金支持，一些实力较弱的建筑施工企业会通过融资的方式来垫付工程资金。这种融资一般是通过借贷和内部借款的方式来实现的。企业通过这种方式融资会使企业资金周转风险相应加大，如果资金出现不良情况，就会出现债务偿还困难的情况，企业内部也会出现严重的会计管理问题。

（二）具有较高的成本风险

项目竞标涉及项目的成本。如果中标的项目真正的成本低于中标价格，就会出现成本差，从而产生成本风险。很多建筑施工企业会利用降低员工工资、减少企业项目管理费用或者合理地降低工程造价来应对成本风险。当财务管理会计人员对财务管理缺乏准确的判断时，会出现一定的会计风险，也会使项目管理出现相应的困难。

（三）存在严重的工程款拖欠现象

有些建筑施工企业由于没有达到预期效益，或者受到其他外界因素影响，不能按照约定履行合同义务，导致项目合同责任不清，使得验收决策出现延迟现象。在这种情况下，施工单位不能准确地计算欠款金额，必须通过延长付款期或者使用款项抵扣的方式进行工程决算，增加了建筑施工企业的会计风险。

四、内部审计在建筑施工企业会计风险管理中的作用

企业内部审计工作通过对内部环境、风险管理、控制活动等多个方面进行审查，考察内部控制体系是否健全和有效，找出其中的薄弱环节和存在的风险，并针对问题采取有效办法，加强内部控制的有效性，改善战略实施环境。

（一）内部审计的管理与协调功能

内部审计可以对企业管理进行全方位的分析，了解企业面临的内部风险和外部风险，从而提出相应的应对策略。同时，通过内部审计，企业财务审计工作人员可以更深层次地了解企业规划的风险管理内容和过程，对审计部门的管理工作进行进一步的完善。[①]

（二）内部审计可以对风险进行识别和检查

风险识别是企业管理和发展中的重要内容，正确的风险识别可以帮助企业领导层进行决策，使其更快地采取措施进行风险抵御，为企业发展提供良好的条件。建筑施工企业内部审计人员可以对工程项目的实际情况进行分析和评估，对企业内部控制系统进行检查，同时对风险结果进行再次评估并适当加以整改，从而保证企业会计风险管理的有效性。

（三）内部审计具有顾问和咨询功能

在建筑施工企业风险管理中，相关审计人员必须对企业内部情况进行详细的了解，对企业内部情况和风险加以分析，了解企业是否能够承担工程项目风险。

五、建筑施工企业会计风险管理中内部审计强化措施

（一）完善企业内部审计制度和财务管理风险评估机制

在建筑施工企业发展过程中，必须有完善的企业内部审计制度，制订健全的工作行为规范，只有让审计人员有章可循、有法可依，按照规章制度办事，才能保证审计工作科学、合理、有序地开展，防止违规行为出现，给企业管理带来风险隐患。

（二）加大企业风险控制力度

由于市场环境不断变化，企业在发展中会面临一定的风险。企业审计部门必须对相关风险做出相应的分析和准确的判断，并可以提出有效的建议以供参考，降低企业面临的风险，为企业实现战略目标提供有利的参考依据。因此，为了保证企业稳健发展，必须加大企业风险控制力度，将企业风险带来的损失

①马涛涛. 建筑企业会计风险管理中内部审计作用分析[J]. 现代经济信息，2019（18）：186，188.

降到最低，保证企业能够长期发展。

（三）加强企业成本管理

建立健全企业材料物资管理制度，形成一个完整的物料管理体系，从材料的采购、入库到出库的整个过程必须有详细的账目。实现合理计划采购，科学管理材料，减少材料的损耗和浪费，加强成本管理，降低企业成本。另外，建立完善的责任制度，明确各部门的责任和权力，使其各自独立并互相合作、互相监督，防止出现由于责任划分不清而互相推诿的现象。

第四章　财务管理与审计应用创新

新形势下，随着我国社会和经济的高速发展，财务管理与审计相关工作也应与时俱进，以开创财务管理工作崭新局面。本章内容包括财务管理的应用创新、财务审计的多元化应用、财务审计的整合延伸应用。

第一节　财务管理的应用创新

一、绿色财务管理

（一）绿色财务管理的主要内容

绿色财务管理是指充分利用有限的资源来实现社会效益、环境保护、企业盈利的最大化。绿色财务管理的目的是在保护和改善生态环境的同时，实现企业的价值最大化，使得企业能够与社会和谐相处。绿色财务管理就是在传统财务管理的基础上考虑到环境保护这一层因素，主要有以下两方面内容。

1. 绿色投资

企业由于各种因素，需要引进绿色投资，而绿色投资也需要人们对需要投资的项目及外在压力进行简单的调查研究：①企业在环境保护方面有没有切实按照国家制订的标准来进行项目投资，需要保证所投资的项目中不能有与环境保护相违背的内容，这也正是绿色投资的前提；②提前考虑由环保措施造成的费用支出；③提前考虑项目能否与国家政策响应而获得优惠；④考虑能否投资相关联的项目机会成本；⑤考虑项目结束后是否拥有由环境问题造成的环境影响的成本回收；⑥考虑因实施环保措施后对废弃物回收而省下的资金。

2. 绿色分配

绿色财务管理在股利分配方面继承了传统财务管理理论的内容，同时又有它的独特性，即在支付股利前，需要先按一定比例来提取用来应对绿色资金不足的绿色公益金及支付绿色股股利。绿色公益金的提取相当于从内部筹集资金，这一过程与企业进行公益金提取的过程相似。绿色公益金的提取不仅需要企业处于盈利状态，还需要确保有一定的余额，而且不得随意挪用，绿色公益金只能用作绿色资金不足部分的支出。绿色股股利的支付程序与普通股基本一致，不同的是，如果企业无盈利且盈余公积金弥补亏损后仍无法支付股利，可以用绿色公益金支付一定数量的绿色股股利，但不能支付普通股股利，这是为了维护企业在资源环境方面的声望。

（二）绿色财务管理理论在财务管理中的应用

绿色财务管理理论是适应人类社会资源环境保护潮流的理论，是对传统财务管理理论的挑战与发展。绿色财务管理理论要想在企业中得到应用，就需要做到以下三点。

第一，企业要兼顾资源环境与生态环境的平衡。当今社会，随着绿色消费的出现，消费者的绿色消费观也在逐渐增强，而企业要想在这个社会中立足，就需要将资源环境问题代入企业管理中，以绿色财务管理理论作为指导，尽量采取绿色经营模式，以此提高企业的经济效益与社会效益。

第二，提高员工素质。企业员工的素质也是影响绿色财务管理能否正常实施的一大因素。因此，企业员工，特别是财务人员应当利用社会生态资源，通过资源整合来提高环保意识，加快传统模式下的财务管理理论向绿色财务管理理论的转变，不断提高自身素质和财务管理工作能力。

第三，使会计领域与绿色财务管理理论相适应。想要做到这点，需要人们增设会计科目，讲授绿色成本、绿色公益金等绿色概念，从而使得绿色财务管理得到完美的应用；需要人们对会计报表进行改革，在环境保护及改善等方面设定指标，从而使企业能够清楚自己在哪方面如何做可以实现对环境的优化，而不会像无头苍蝇一样到处乱撞。

我国的绿色财务管理理论尚处于萌芽阶段，但可以随着世界环保呼声的增强而不断完善、不断进步，从而在指导企业经营、提升企业经济效益及社会效益方面起到越来越大的作用。

二、财务管理与人工智能

（一）人工智能技术发展概况

人工智能技术的概念最早在20世纪中叶提出，20世纪末至今是人工智能技术的应用时期。人工智能技术是在计算机技术的基础之上，通过模拟人类某个领域专家进行解题的方式，使企业的经营决策智能化，实质就是模拟人类的思维活动。企业的财务管理是分析财务报表、得出有效信息、进行决策的过程，企业的财务人员在分析财务信息时，总会借助固定的财务公式，使用固定的财务模式解决日常经营的难题，基于这样的现实情况，具有计算机技术和财务管理专业知识的研究人员为了降低成本、提高效率，尝试将财务管理的某些模式与公式存储在计算机的系统中，这样就可以把财务报表的信息输入计算机，通过之前存储在内部的计算公式进行报表信息的运算，从而得出相应的结果，这就是专家系统。

与传统的财务管理相比，人工智能技术的引入解决了某些财务上的复杂运算及数据分析问题。人工智能技术在财务管理方面的作用不仅仅是收集和整理数据，更重要的是帮助财务人员学习新的专业知识，将知识运用到实际运算中，得出合理的结果，做出客观的判断。人工智能技术包含了很多复杂的计算程序，凡是输入的数据，经过程序的运行之后，就可以得出与实际手工运算一样准确的结果。在人工智能技术下，财务人员的工作由原来的大量计算转变为数据的输入和结果的记录与汇报。过去的信息系统只能将数据输入，并运行非常简单的分类和加总程序，生成财务报表，而如今的人工智能可以运行复杂程序并得出客观的结果，甚至可以分析数据之间的相关与回归关系。

（二）人工智能技术在财务管理中的应用

人类已经进入大数据时代，传统的手工计算分析已经跟不上时代的潮流，企业的财务管理不能闭门造车，而需要应用人工智能技术提高工作效率，发现事物和现象之间的内在联系，为企业提供决策依据。人工智能技术同样需要发展，根据企业的需要和管理的发展，不断补充新的程序，继续开发新的技术。二者是相辅相成的关系，财务管理使用人工智能技术是为了更加方便快捷，人工智能技术也需要通过服务财务管理找出不足，通过逐渐完善达到节省成本的目的。企业的发展离不开人工智能技术，但是企业的财务管理又不能完全依赖人工智能技术。处理财务管理与人工智能技术关系的措施如下。

第一，提高财务管理人员的专业素养和水平。员工是财务管理工作的执行者，也是整个财务工作的推进者，财务管理人员的综合素质关系到整个财务管理工作的效率和质量。相关人员只有提高专业素质，才能识别财务工作中的重点问题和复杂问题，有能力判断哪些问题需要慎重对待，哪些问题需要借助人工智能技术解决。

第二，与时俱进地引入人工智能技术。人工智能技术是基于计算机技术发展而来的，人工智能技术的发展非常迅速，企业应该及时关注人工智能技术的更新换代，及时更新财务管理部门的相关技术，保证财务管理活动始终在最前沿的人工智能技术下进行，这样才有助于企业整个财务管理活动的与时俱进，通过人工智能技术的更新推动整个财务管理工作的进程。

第三，成立专门的人工智能与手工操作分工小组。财务管理工作复杂繁多，如前所述，人工智能技术不能承担企业所有的财务管理活动，只能是有选择性地辅助财务人员进行决策与分析。对于复杂的财务工作，到底哪些工作需要由财务人员手工完成，哪些工作需要借助人工智能技术来解决，这需要一个合理的分配。企业可以成立专门的分工小组对财务管理中的工作进行适当的识别与分配，保证财务管理有序进行。

人工智能技术是信息技术的重要方面，也是时代发展的标志，企业的财务工作应该运用人工智能技术，提高企业的管理效率，为企业的持续发展提供更加准确的策略，实现财务管理的目标。

三、财务管理的权变思考

（一）基于权变的财务管理

随着时代的变迁，财务管理不断丰富发展，财务管理目标的实现是财务环境、财务目标、财务对象、财务管理方法与手段多因素综合作用并相互影响的结果。通常情况下，财务目标不会发生太大的变化，现在普遍接受的财务目标是企业价值最大化。一旦财务目标发生变化，则财务环境、财务对象、财务管理方法与手段三者中至少有一个变量发生变化。

在财务目标一定、财务对象不变的情况下，一旦财务环境发生变化，原来条件下的财务管理方法与手段不能适应新的环境条件，财务管理方法与手段就会发生变化。从各时期的财务管理可以看出，随着历史的发展、环境的改变，财务管理的重心也不断变化着。例如，在通货膨胀时，原来的方法是无法解决通货膨胀所带来的问题的，所以必须改变管理方法及手段以适应管理需要，达到企业理财的目标。

在财务目标一定、财务环境一定的情况下，财务对象发生新的变化时，财务管理方法与手段应随对象的变化而变化。例如，网上银行和"电子货币"的盛行使资本流动更快捷，资本决策可以瞬间完成，企业势必改变传统的财务管理方法以适应经济的快速发展。

在财务目标一定、财务环境不变的情况下，财务管理方法与手段的变化会引起财务对象的变化。例如，数学、计算机的应用使财务管理手段更加先进，出现了众多的理论模型，如资本资产定价模型、投资组合模型。

以上分析、推断可表明财务管理活动本身是权变的过程。

（二）权变理论在财务管理中的应用

权变理论认为，在企业管理中，应依据不同的环境和管理对象相应地选择不同的管理手段和方式，在管理中不存在适用于一切组织的管理模式。企业财务管理面临权变境地，应因权而变，要提高整个企业的财务管理水平，需从多方面综合分析入手。

第一，坚持以财务管理为中心。加强企业财务管理，提高财务管理水平对增强企业核心竞争力具有重要作用。企业必须以财务管理为中心，其他各项管理都要服从财务管理目标，而不能各自为政。企业在进行财务决策时要识别各种风险，采用一定的方法权衡得失，选择最佳方案，必要时，企业要聘请财务专家为企业量身定做财务预测、财务计划、财务预算等。只有知变、通变，掌握变化之道，才能使各个环节渠道畅通，提高财务管理效率，提高企业整体的管理水平，使企业在激烈的国际竞争中生存并发展下去。

第二，转变政府角色，改善理财环境。为适应经济发展，政府应转变角色，从领导者的角色转向服务者，为企业的发展创造良好的政治、经济等宏观环境。

第三，大力发展财务管理教育与研究，提高企业财务管理水平。加快高校财务管理专业的改革及发展，培养大批高素质的财务管理专业人才。同时，加强对在职财务人员的继续教育，提高财务人员的整体素质。借鉴国际先进的管理经验，结合实际加快财务管理理论研究，坚持理论与实践相结合，推进财务管理理论建设，为企业进行财务管理改革提供更多科学的理论依据，从而提高我国企业财务管理的整体水平。

四、财务管理信息化研究

（一）财务管理信息化的重要性

1. 提高财务管理效率与质量

随着信息技术的不断发展与专业会计处理软件的不断完善，组织内部的财务处理模式也经历了由人工核算到依靠用友、金蝶等会计处理软件开展财务管理工作，再到现在使用可将组织经营各环节进行融合的ERP信息系统的过程。在这个转变过程中，各组织机构的财务管理效率得到了极大的提升，财务管理人员可从原有的烦琐的数据收集、整理工作中解放出来，将财务管理的关注点放到与组织经营目标相匹配的关键环节中去，财务管理工作的质量有了显著的提高。[1]信息化财务处理软件发挥作用的机制从以下两方面得以显现。

首先，从信息收集方面来看，借助信息化技术，如内部网，可将各部门原有的零散化的数据集合起来，各部门可通过内部沟通渠道将各自业务开展过程中所产生的财务信息传递给财务管理部门，使该部门人员快速获取其所需要的信息，减少信息收集的时间，提高财务管理工作的效率。

其次，信息化技术可以实现财务管理各系统之间的对接，实现财务管理工作的整体化和一体化。专业化分工是现代劳动的特点，它可以最大限度地发挥员工的专业技能和水平，减少工作转换所造成的时间浪费。对于财务管理工作而言也是如此，那些财务管理完善、水平较高的大型企业，不同的财务管理工作由不同的人员负责，如有人负责全面预算管理，有人重点进行内部控制机制的建设，其所使用的系统软件和工具可能也会有所差别。而要将这些系统连接起来，形成系统化的财务管理，就需要信息技术，通过信息化的平台实现各系统和人员的对接。

2. 加大资金监管力度

对于财务管理工作而言，资金管理是中心环节，该项管理是一项贯穿组

---

[1]李建俊. 企业财务管理信息化建设问题及对策研究[J]. 营销界，2020（51）：134-135.

织机构始终的工作，不仅包括在各部门经营业务完成后对其资金使用明细的核查，还包括资金使用前的规范和管理。企业应从招标入手，配备专业人员负责该项活动，通过谈判的形式与投标公司达成共识，在保障质量的前提下，将企业所需物资的价格降至最低；在进行新产品开发之前，对新产品开发的可行性进行分析，在进行充分的市场调查的情况下开展产品研发活动，将后期新产品研发失败所带来的风险降至最低。借助信息化技术实现资金管理环节的高效化、廉洁化，是财务管理部门应该考虑的重点问题。

首先，借助信息化的工具，组织可以对机构内部经营活动的流程进行优化，将不必要的环节去除，对存疑的环节进行调整，实现采购、生产等部门与财务管理部门的直接对接，将各部门资金的使用情况直接置于财务人员的监管之下，减少在中间过程中的资金浪费和贪污。

其次，通过直接的信息对接，财务管理部门能够及时掌握各资金使用部门的需求和实际使用状况，为制订资金使用计划、审核资金账目提供充足的数据支持。

3. 提升财务预算管理质量

预算管理是企业财务管理的另一个重要方面，对于预算管理而言，信息化工具和手段的使用可以从改善预算编制、加强预算控制、便利预算反馈三个方面提升预算管理的质量，进而提高整个组织内部的财务管理水平。

从预算编制来看，信息化财务管理工具的普及使得财务管理部门能在较短的时间内收集到组织内部的财务历史数据，了解到部门的实际需要，最大限度地实现组织资金、固定资产、原材料等预算编制的精确性，为后期具体工作的开展提供指导依据。

从预算控制来看，通过信息化的沟通渠道，财务管理部门可对预算方案的执行情况进行监督，对因环境变动而出现的预算与实际需要不匹配的状况进行及时修正，根据现实需要调整预算方案；对于因人员自身纰漏而出现的预算未执行到位的情况，根据纰漏程度对相关人员进行追责，保障预算方案的执行。

从预算反馈来看，及时性的对预算方案执行效果的反馈是高层进行战略规划与部署所需要的信息之一，在一定程度上影响着组织的长远经营走向。通过信息化手段，预算部门可以将预算执行效果及时反馈给上级主管，为上级部门把握组织经营状况以及资金、物料的使用情况提供数据。

（二）信息化技术在财务管理中的应用

1. 与信息化相匹配的人才队伍

第一，转变财务人员的财务管理意识。原有的财务管理工作局限在财务管理部门，不管是信息的收集、预算的制订，还是报表的生成，都是由财务管理人员一手包办的，财务管理人员所关注的焦点集中在当前组织的财务行为上面，财务管理工作还未与组织战略进行连接。而信息化财务处理工具的使用使得各部门之间、各职员之间的联系更加密切，财务管理工作不仅由财务部门负责，其他部门和人员也有义务为财务管理工作提供实时信息和自己的建议。财务管理人员要转变自身的财务管理理念，重视信息化工具在财务管理中的使用，主动学习并使用该工具。同时，将资源的共享观念贯彻到财务管理的过程中去，做好财务管理与战略之间的对接，专注组织未来经营发展的需要。

第二，加大培训力度，提高财务人员的专业技能和基本技能。与传统的财务管理相比，信息化的财务管理模式对员工的要求更高，其不仅需要掌握专业的财务处理、核算技能和理论知识，还需要学习信息化系统的使用操作知识。这就需要企业在进行财务人员培训的过程中做好课程的设计与安排，针对现有的财务管理人员设计培训内容和项目，选择合适的培训方式对内部员工进行培训。

第三，构建与信息化相匹配的人才队伍。企业除了对现有人员进行培训外，还可以通过招聘的形式重塑人员结构。在招聘的过程中，采取人力资源部门主导、财务部门辅助的形式对应聘人员的财务管理素养、计算机操作技能、会计处理软件的使用情况进行考查，从源头上提高人才队伍的整体水平。

2. 信息化相关基础设施

第一，结合国家的相关法律规定制订适合组织内部的财务管理信息化制度。该制度不仅要包含信息化流程中各部门应有的职责和权力，还应该明确财务评价的指标和要素，对于不按照制度办事的员工和部门给予一定的惩罚。

第二，做好信息系统的安全保护工作。信息化的财务管理模式在给组织带来便利的同时，也带来了一定的风险，其中之一便是网络安全问题。一旦组织网络受到非法攻击，组织内部的信息和资源很可能被不法分子利用，给组织的经营带来威胁。各机构在使用信息技术构建财务管理系统的同时，要配置相应的安全机制与软件，将网络风险控制在自身可以掌控的范围之内。

第三，便捷、快速的沟通渠道是信息化财务管理中不可缺少的基础配置。借助正式或非正式的沟通网络，组织各部门之间的无形壁垒荡然无存，各部门可以及时分享资源和信息，形成强大的监督合力，对财务管理工作进行监督。

五、网络环境下的财务管理

（一）网络环境下财务管理的特点

1. 数据实时传递

网络信息系统的应用改变了传统财务管理中财务数据不能及时传递的弊端，在网络环境下，企业财务信息系统可以实现对数据的实时传递、资源共享及监控反馈等功能，随时可以更新企业各个环节的数据，并将数据传递给信息使用者，这更能体现财务数据的真实性。企业通过及时反馈得来的财务数据加强了内部控制，从而提高了企业的财务管理水平。

2. 运行环境更加开放

在网络环境下，企业可以利用财务软件的兼容性特点，将财务数据在其中的计算机端口输入，那么其他链接的终端设备就可以查询、分享、下载这些数据，这不仅大大减少了重复输入数据的时间，提高了工作效率，而且为信息使用者提供了第一手资料，从而发挥了财务管理的指导作用。

3. 数据信息更加集中

传统的财务数据体现在报表上，数据分散且没有关联性，要想获得数据之间的联系，需要花费很长的时间。而系统的财务软件的应用能够让企业的财务数据前后衔接起来，可以针对不同的要求将数据分组，数据之间既相互独立，又相互关联，更加方便企业管理者利用、分析及使用数据。

（二）网络环境对财务管理的影响

1. 财务系统的安全问题加剧

网络信息系统的应用在一定程度上给企业财务数据的使用带来了方便，但也使得数据信息更加不容易被控制，面临着严重的安全问题。一方面，由于网络具有全球性、开放性的特点，因此网络本身存在着不安全性，网络环境并不稳定，一旦遭受不明病毒等的入侵，就会对企业数据造成严重的破坏，从而影响企业财务管理工作，进而损害到企业的利益；另一方面，在使用财务管理软件时，要严格设置访问财务管理系统的权限，才能防止财务信息不被人为修改，保证财务信息的准确性、真实性和可靠性，提高对网络财务系统的安全性要求。

2. 财务管理职能转变

网络财务管理在运行当中，能够实现财务信息与企业数据资源的实时共享和反馈，这直接体现了财务对企业的内部控制和管理，财务管理的核心也逐渐由传统的财务核算向财务控制转变。财务人员的职能不再是单一核算，而是更多地参与到企业的管理当中。财务职能的这种转变更有利于发挥财务管理的核心作用，同时也提高了对财务管理人员的要求。

3. 财务报表要求更加规范

网络财务管理具有固有的流程和模式，它具有自动生成记账凭证、编制财务报表的功能，财务报表上的数据之间是可以进行相互比较的，这大大提高了财务数据的真实性和可比性，使财务管理更加规范化和标准化。财务工作人员要提高自身专业能力和综合素质，以适应企业规范化的管理要求。[①]

（三）网络环境下财务管理的创新思路

1. 创新财务管理模式与财务核算内容

在网络环境下，企业的财务管理模式由原有的分散的、局部的管理模式向更加集中的模式转变，企业要充分利用网络的特点和优势，进行远程报账、查账及监控库存，对经营业绩等数据进行监控，充分利用财务网络系统的实时数据资源，以便于及时掌握企业的财务状况，从而规避财务风险。这种管理模式的创新使企业能够实现集中式管理，对企业的资源进行合理的整合和配置，最终提高企业的竞争力。

传统的企业主要依靠土地、设备及厂房等资产来决定企业的竞争力，这些也构成了企业财务核算的主要内容。随着网络化的快速发展，企业已经将核算的重心转移到基于内外供应链管理的会计信息管理和决策分析方面。新的发展环境要求人人都是企业财务信息的处理者，企业的每个员工都要协助

---

①谭兰姣. 论网络环境下的企业财务管理[J]. 全国流通经济，2020（32）：54–56.

企业的管理者做好产品设计规划、产品种类、产品销量等方面的工作，这样才能为企业创造最大化的利润。

2. 建立健全财务管理系统安全保障体系

由于财务数据直接反映了企业的资产状况、负债情况、利润收益及现金流量等内部信息，更体现了企业的经营运行情况，因此财务数据信息的真实性和安全性就变得十分重要。在这种情况下，安全问题也是企业应该考虑的首要问题。

企业在使用网络财务管理系统时，要针对网络的漏洞和安全问题，以数字化技术为先导，以市场化需求为标准，综合运用互联网的多媒体、超文本等技术，建立起动态的、实时的、可监控的财务系统，从而形成多层次、立体化的财务安全保障体系。

3. 创新财务管理人员培训体系

创新企业财务管理，先要改变传统的财务管理理念，企业应该打破传统的收益分配格局，逐步创新并建立起责、权、利相结合的分配制度和财务运行机制，这样才能充分调动员工的积极性，实现企业的管理目标。企业的价值不再只是体现在企业拥有的债券和股票价值、企业规模及经营收益上，而是提倡"以人为本"的管理理念，并将人才作为企业经济发展的核心。在以数字化、网络化和信息化技术为先导的新环境下，企业在转变财务管理理念后，要更加注重对财务人员进行网络技术及业务操作等内容的培训，才能提高财务相关人员的思想觉悟和业务操作水平，有效提高财务人员的管理及创新能力，也才能真正实现企业"以人为本"的管理模式。企业应主要做好以下培训工作。

第一，将员工根据工作经历、背景、学历、能力等条件进行分组，针对已经掌握财务管理和经济理论基础的管理人员，可以通过进一步培训现代网络技术，将他们所学的经济学、会计学、网络技术等有机地结合起来，帮助他们全方位地、多角度地分析新经济环境发展的需要，从而给企业的领导者提供有价值的财务决策信息。

第二，针对没有网络基础的基层财务人员，制订适合他们的学习课程，通过技术培训，增加他们的网络基础知识，从而提高他们对企业经营状况的评估和分析能力。只有不断加强对财务人员的网络技术培训，才能提高企业财务人员的整体水平。

在互联网技术、信息技术突飞猛进的现代社会，企业要想获得发展，就得及时了解社会经济发展的新趋势，变革传统财务管理的模式和方法，通过创新企业财务核算内容，加强企业财务管理安全保障体系，创新企业财务管理人员培训体系，全面提高企业的核心竞争力，最终实现企业的可持续发展目标。

第二节　财务审计的多元化应用

一、管理会计在提高财务审计质量方面的应用

财务审计工作对于企业来说是一项重要的财务工作，直接影响着企业财务的管理水平。财务审计工作不仅要以企业的相关信息作为保障，还要建立完备的财务报告制度，才能对企业的财务工作起到一定的作用。因此，信息质量问题对于企业的财务审计工作有着十分重要的意义。

一名企业会计只有遵守会计准则，才能够完成企业日常的财务管理工作，利用审计质量标准严格执行管理会计应该做的工作。因此，会计信息所包含的内容是需要仔细推敲的，这样才能保证财务审计质量得到充分提高。在现阶段，获取信息虽然能够提高财务审计的整体质量，但是在无形中也增加了审计的成本。因此，财务审计需要不断地完善和发展，才能够与社会发展和企业发展相适应，在获取正确信息的同时，降低财务审计工作运行的成本。

其实财务审计的内容是包含多个方面的，因为要考察会计信息的真实性，就必须保证会计报表的完整性和准确性，以及对整个会计报表进行全方位的审核，只有这样才能对会计报表的各种形式和种类进行划分。对审查内容的处理标准也是如此，对于企业合并财务报表的准确性、一致性也不能够忽略，只有保证企业财务审计对上述内容进行全面的检查，才能确定会计信息情况，才能得出相应的审计报告及评估结果，才能够真实、准确地将财务报告上交给上层的企业管理人员。在保证企业财务报告公平、公正的基础之上，一定要让高层管理人员对企业的财务状况有一个充分的认识。这能够帮助企业更好地面对发展过程中遇到的困难和挑战，防范风险，制订符合企业

发展的重大决策。[1]

（一）管理会计在财务审计中的重要角色

1. 管理会计的信息是提高企业财务审计质量的根本依据

管理会计是会计学科中一个重要的部分，它能够帮助企业对企业内外部进行规划控制。管理者只有了解企业内部的具体情况，才能用科学的办法进行合理的分析，保证企业资源得到充分的利用。财务审计的过程中需要的相关信息是财务审计的重要依据，并且在进行财务审计的过程中，财务信息一定要符合财务审计人员的要求，才能够保证符合财务报表构成的标准。由此可以看出，信息的质量直接决定企业财务审计的质量。管理会计虽然能够提供多种多样的信息，但是要从中选择能够符合财务审计的要求和标准的信息。管理会计的信息相对于传统的会计信息更加细致和明确，并且具有一定的实际意义，能够在一定程度上保证相关信息的及时性和完整性，是提高企业财务审计质量的根本依据。

2. 管理会计为审计工作提供需求和目标

在企业正常运作的过程中，企业的财务审计工作可以分为不同的阶段，其中计划阶段的主要内容是要求审计人员能够对企业的客户及合作伙伴等的信息进行收集，并且归纳出最有用的信息作为本次财务审计的主要需求和目标。企业管理人员不断开展相关的财务审计工作，在这个过程中会形成相应的风险，所以对未来的发展进行一定的风险预测是十分重要的。管理会计要帮助审计人员进行信息的收集，从根本上缩短生产时间，并且提高财务审计的工作效率。管理会计提供的信息要具有真实性，能够帮助企业管理者更加清楚地意识到财务组织结构上的层次问题。在发现问题的时候，一定要及时地纠正错误，并且合理地控制错误。在测试阶段，在所得测试结果的基础上进行一定的测试，也需要借鉴管理会计的信息，只有这样，才能实现企业财务审计工作质量的提高。

3. 管理会计帮助审计工作人员识别风险

在企业财务审计工作的计划阶段，对风险进行预测是十分重要的。因

①高璐. 上市公司内部控制审计对财务报表审计质量的影响[J]. 现代商业，2020（01）：183-184.

此，要求审计人员一定要全面掌握企业经济财务中的购买支付情况，以及员工工资、产品成本等各种财务支出情况，并且能够及时地预防风险和识别风险，只有这样，才能实现对风险和成本的控制。而在审计过程中，对存货的评估和对资产成本的管理就显得尤其重要，这也是实现控制的主要方式，这些都应该通过管理会计的计划、组织及控制来实现。

（二）管理会计在提高财务审计质量方面的应用策略

1. 在企业内部设立管理会计专业机构

要想保证管理会计在提高财务审计质量方面的作用能够极大地显现出来，就需要不断发挥企业管理会计的作用，完善企业管理会计工作的方式。要建立管理会计专业机构的标准，推动企业将管理会计更加全面地运用到工作中来。现阶段，大部分企业缺少专门研究管理会计工作的机构，因此必须建立相关的管理会计机构和团体，只有这样，才能更好地对企业管理会计的发展进行一系列的指导。例如，企业聘请管理会计的专家，组织一个管理会计机构，推动管理会计在企业中的发展。在企业中设立管理会计机构是一个好办法，不仅能够提高企业财务审计质量，还能够解决企业内部分工不明确的问题，为企业的发展起到保驾护航的作用。但是，会计专业机构一定要选择会计专业人才进行科学的管理，才能够保证企业的会计机构对企业的发展起到促进作用。在企业的日常经营管理中，设立专门的会计机构能够在一定程度上帮助企业解决很多复杂的会计上的难题，毕竟会计机构聚集了许多拥有专业会计技能的人才，必定会使企业财务会计工作越做越好，防范各类财务风险。同时，也会使企业今后的财务工作运行得更加顺利。

2. 不断提升企业管理会计人员工作水平

管理会计人员作为管理会计工作的具体操作者，应掌握管理会计知识和管理会计工作方法，根据国家法律法规的相关规定来不断提升自身的水平，进而更好地将理论和实践结合起来，并运用到管理会计的实际工作过程中。例如，企业在定期对管理会计人员进行培训的时候，一定要制订相应的考核制度。对于管理会计人员在培训过程中需要学习的知识和一些操作方法要进行定期考核，了解管理会计人员在学习过程中对知识的掌握情况，根据考核结果进行奖惩，使企业管理人员在学习中突破自己，促进企业财务审计质量的提高。管理会计人员是企业发展过程中的重中之重，要定期对企业的管理会计人员进行课程培训，让具有丰富管理会计经验的教师进行严格的授课，保证每个管理会计人员都能够学到真本事。在学习课程结束后，企业要设定考试内容进行管理会计人员的考试，使得管理会计人员能够在学习后检测自己，看看是否能够做到学以致用，实现自身的价值，为企业今后的发展贡献出自己的力量。

根据以上所述，随着现代科学技术的不断发展和创新，企业财务信息日益繁多和复杂，给审计工作带来了巨大的挑战。审计人员在审计过程中，一定要准确地利用财务信息来进行工作，还可以借助一些工具进行审计管理。管理会计提供的信息能够帮助企业财务审计工作得到进一步的规范和提高，从根本上提高企业财务审计的质量和水平，企业管理人员需要不断地把完善管理会计信息等方面的内容落实到位，保证企业内外部信息的真实性和完整性，对信息进行有效的处理，使财务审计质量得到飞速的提高。会计信息的真实性是由财务审计工作提供保障的，所以更应该注重财务审计中的信息真实性。企业管理人员需要不断地在高标准下提高财务审计质量，完善企业内部会计信息，实现自身会计技能的有效提高，增强企业的运营实力。

二、财务审计在工程成本管理中的作用

随着城市化进程的不断推进，工程项目也不断发挥其对城市建设和发展的推动作用，而激烈的市场竞争也日益凸显了工程成本管理的重要性。财务审计是一种有效的财务监督手段，有助于降低工程成本，提高项目经费的使用效益，在工程成本管理中有着重要的作用。

针对工程项目的财务审计，一般是对工程项目的前期、实施阶段及竣工阶段的工程造价和投资计划、工程变更情况和实际资金使用情况，以及工程的最终造价等相关的财务资料与实际情况进行审计监督。

工程成本就是整个工程项目的各个环节中所有人力、物力所产生的花费的总和。简单来说，工程成本管理就是对这些成本费用进行预测、计划、组织、协调与控制的一系列活动。进行工程成本管理的目的主要体现在两方面：一方面是尽可能地降低成本费用；另一方面则是尽可能地实现成本目标和经济效益最大化。

工程成本管理贯穿工程管理的全过程，从中标签约、前期准备到现场施工，再到竣工验收，每一部分只要涉及成本的耗费，就存在成本管理活动。

（一）工程成本管理中财务审计的地位和作用

1. 工程成本管理中财务审计的地位

财务审计本身就是一种对工程项目的财务情况进行监督的手段，是工程成本管理不可或缺的一个重要环节，有着重要的地位。

一方面，财务审计是对工程项目中涉及的各项财务报表、数据及财务制度等进行审核监督，这就要求它必须由一个独立的部门和机构来进行，也只有作为第三方的专门的审计机构和人员才能够客观、公平地对工程成本的情况做出评价，并给出反馈和建议，有助于对工程成本做出合理的调整和有效的控制，对成本管理发挥重要的作用。审计的这种独立性就显示出了其在成本管理中的重要性。

另一方面，财务审计无论在任何项目当中，都需要以相应的法律法规作为依据。当前在审计工作方面，我国已有对应的《中华人民共和国审计法》和《中华人民共和国注册会计师法》，对审计工作进行了定义，对审计内容进行了明确。在这种前提下，财务审计在对工程成本进行监督和管理时，有章可循、有法可依，可以使工程成本管理更加正规化、制度化和法律化，也使得工程建设单位更加重视审计工作，不断提升审计在工程成本管理中的地位。

审计单位的独立性和审计意见的有效性，以及审计工作的法治化，都决定了财务审计在工程成本管理中占有举足轻重的地位。

2. 工程成本管理中财务审计的作用

工程成本管理中财务审计的作用具体可以从工程的前期、实施与竣工决算等各个阶段，以及整个工程成本管理中得到体现。

首先，工程项目前期。在工程项目的施工准备阶段，财务审计人员根据国家对于建设和审计方面的相关法律法规和工程相关规定和规范，结合项目所提供的工程设计资料和相关合同进行工程预算审计。对工程进行预算审计是工程前期准备工作中的重要一环，通过预算审计可以将工程造价控制在能够满足设计需要的预算范围内。同时通过审计可以针对不同阶段的工程资金投入制订相应的计划，可以在很大程度上减少不合理预算、无计划资金投入带来的资金浪费和可能出现的资金周转问题，从而达到节约成本和提高资金的使用效益的目的。

其次，工程项目实施阶段。在工程项目的施工阶段，对工程项目的实际资金投入和使用及预算计划实施情况等可以通过动态的财务审计进行有效的监控。同时，工程的具体实施不可能与计划完全相符，在这个过程当中，可能会由于突发情况、设计变更、项目负责人要求等而出现工程变更，随之带来的就是投资预算及成本变动。财务审计可以将这些变更情况进行记录和核实，一方面可以作为最终决算审计的真实有效的财务依据，另一方面也可以对当下的工程进度、资金投入和成本调整重新实施监督和控制。可以看出，财务审计在施工过程当中实施动态的监督控制，可以及时有效地应对工程变更带来的成本变化，从而加强了工程成本管理的及时性及有效性。而在没有变更的情况下，也能够有效监督预算实施情况，避免不必要的成本增加。

再次，工程项目竣工决算阶段。工程项目的竣工决算是对整个工程的经济效益的反映，主要是将工程前期的概算和预算与施工过程当中实际的资金使用情况进行对比分析，以确定工程的最终造价和实际成本效益。竣工决算阶段的财务审计就是对工程竣工后的图纸、变更材料，以及在工程合同单价外的单价和施工材料的价格动态变化等各方面进行审核，以保证其真实性、准确性和有效性，避免出现成本误差，保证工程项目的成本效益，有效提高整个工程的成本管理水平。

最后，整个工程的成本管理。工程项目一般具有较大的时间跨度，过程漫长，多方参与，其中涉及资金的环节和部分也非常多，在工程项目中往往很容易滋生腐败现象，而财务审计可以有效减少此类现象的发生。一方面，有效的财务审计可以起到监督和震慑的作用，使得很多企图投机的人员打消念头；另一方面，一旦出现腐败情况，财务审计人员通过财务审计可以很快发现，并采取相应责任追究和账款追回的措施，以此可以有效避免或减少由于违规违法行为而造成的资金损失和成本亏损。同时，财务审计不仅能够进行财务成本方面的监督控制，对于工程管理中一些不合理的管理行为及成本管理中的一些失误，也可以及时发现问题并进行反馈，使错误能够及时纠正，从而一方面避免由管理失误带来的成本增加或者资产损失，另一方面也可以优化工程成本管理，提高其管理效率。

（二）财务审计在工程成本管理中的应用策略

通过对财务审计在工程成本管理中的地位和作用进行分析，可以发现财务审计对降低工程成本支出、提升工程成本效益有着重要意义。因此，本部分对进一步加强财务审计在工程成本管理中的作用，提出了以下建议。

1. 做好工程前期的审计工作准备

在整个项目初期，财务审计人员就要提前做好准备，在招投标阶段就对招标文件等进行严格的审查，尽可能地确保招标文件符合标准和规范，避免招标文件出现不合理之处，给后期带来成本预算或者核算困难；同时对于标底工作也不能忽视，要保证标底价格的合理性和准确性。在项目准备阶段对招投标过程加强审计，一方面可以有效降低可能出现的工程造价成本风险；另一方面也可以有效控制，甚至大幅降低整个工程的造价。

2. 灵活制订财务审计计划和方案

工程项目的具体实施过程不可能完全与计划保持一致，其中难免遇到各种突发或者其他情况。因此，财务审计人员在制订财务审计计划和方案时，一方面要结合工程建设的实际情况，制订符合要求和能够实现财务审计目标的、具有针对性的计划和方案；另一方面，要根据需要，进行动态的跟踪审计，并随时做出方案调整，确保监督指导工作能够具备及时性和有效性，使审计工作能够顺利开展，充分发挥其对工程成本管理工作的有效作用。

3. 对审计工作进行信息化建设

对审计工作进行信息化建设，可以有效提升财务审计工作的质量，提升其准确性。财务审计人员作为在工程项目中的中立成员，必须保证做到公平和公正，在不违背保密原则的情况下，将财务审计的工程审计结果公布到相关人员建立和所在的信息平台上，使各个工程相关部门都可以进行查看，最大限度地做好工程项目和成本管理的监督。同时，应随时核实财务审计是否准确，避免审计出现失误，大幅度地提升财务审计的质量和水平，对成本耗费和管理进行有效监督。

4. 提高财务审计人员的素质和水平

就当前的实际情况而言，工程项目的财务审计工作成效并不是十分理想，其中一个主要的原因就是负责工程审计工作的人员专业水平不够高，审计工作流于形式，没有真正发挥其作用。因此，要加强财务审计对工程成本管理水平的有效提升，就需要进一步提高当下工程项目财务审计人员的素质和水平。一方面，可以针对财务审计人员制订相关的制度和规定，并根据财务审计工作的实际效果来对其进行绩效评价，以规范其工作态度；另一方面，要加强财务审计人员的专业知识培训，使其对工程项目方面的知识进行学习，熟悉工程财务审计的具体工作。另外，还要使其充分认识到财务审计本身及其对工程成本的有效管理和控制的实际作用，能够根据多方面的需求，通过财务审计来实现工程成本管理的目标。

三、经济责任审计与财务收支审计的结合应用

近年来，随着国民经济的高速发展，国家加大了针对各级政府及相关部门审查的力度，而切实将经济责任审计及财务收支审计工作做好，不单是本单位自身发展的需求，同时也是加强我国审计监督职能最为重要的一种手段。

就理论层面来说，经济责任审计也就是相关审计部门针对党政干部、国有企业领导，以及其所处地区、部门和单位的财政收支与相关的经济活动加以审查，从而对党政干部及企业领导在经济责任方面实际的履行状况加以监督和评价的一种方式。进行经济责任审计最为主要的目的是依据被审查干部的履职状况，以财政财务收支及相关经济活动所呈现的合法性、真实性作为基础，将国家经济发展相关的一些重要事项作为重点，针对被审计人员在权力应用及经济责任履行等方面做出的相关工作和所存在的问题加以客观评价，有效保证领导干部在实际工作当中遵纪守法、尽职尽责。

财务收支审计指的是对企事业单位、金融机构实际的财务收支情况及相关的经济活动的合法性与真实性做出审计监督，对企业在一定时间之内的财务状况及经营成果做出综合性审查，同时做出具有较强客观性的评价。实施财务收支审计的主要目的在于对单位财政及法律纪律加以维护，利用对经营管理方式的改善，有效提升企业所获得的经济效益。审计工作的重点是企业的整体财务情况。

（一）经济责任审计与财务收支审计的结合

1. 将年度审计工作融入相关计划中

通常在年初，单位在对年度审计计划加以制订的过程中，会针对审计工作当中的一些相关要素做出重新部署和安排，主要包含审计项目、时间及考

核标准等。相关人员一定要在年内达到年度考核当中的各种要求。不过，因为经济责任审计工作具备一定的偶然性及突发性，单位领导的更换通常无法跟年度计划所设置的时间相统一，也就造成很难让经济责任审计彻底融入年度审计工作的相关计划当中。而在这种不确定性因素的影响之下，对单位审计工作的安排无法实现对各种资源的高效整合，审计工作所呈现的效率也较为低下。针对这个问题，单位应该对经济责任审计与财务收支审计之间的有效融合加以考虑。在审计工作进行的过程当中，单位内部要是已经把经济责任审计相关的事项及内容融入财务收支审计的工作计划当中，当收到相关组织部门的委托进行经济责任审计的时候，对财务收支审计的方式加以利用，可以有效降低相应资源的投入，还能有效呈现出经济责任审计所具备的价值。在工作结束之后需要将审计底稿存档，继而给日后的审计工作提供重要的基础和依据，从而避免重复审计的问题出现。

2. 提升审计工作效率

经济责任审计工作通常是在单位领导调离岗位之后，针对其在职期间所进行的各种经济活动及相关的事项加以审计。各领导在岗位任职的时间各不相同，而且审计内容和项目也不同，导致在审计计划的制订过程当中，无法对经济责任审计具体的方案加以确认。如果审计工作在领导离任之后很长时间才开始进行，那么最终所获得的审计报告在真实性方面会大打折扣。如果审计工作在任职时间比较长的领导离任之后开始进行，那么负责审计工作的部门需要尽可能快地将各个审计项目完成。要依据相关法律和法规所提出的要求，针对领导在职期间的实际情况做出更为客观的评价。相对于经济责任审计来说，财务收支审计工作所关系到的内容会更多。提高财务收支审计工作系统整体的运行效率，确保财务收支审计工作实施过程和结果具有更好的完整性、真实性及准确性，可以让经济责任审计在工作效率方面得到进一步提高。有些审计结果能够直接在经济责任审计当中进行利用，继而在有效提升审计效率的情况之下，确保经济责任审计可以更为顺利地完成。

（二）强化经济责任审计与财务收支审计结合的应用策略

1. 领导干部的支持与配合

单位领导离任之后，不应该一走了之，而是应该积极地配合原在任单位所实施的整改工作，并且针对所出现问题导致的结果承担相应的责任。继任领导需要坚持规范管理，积极推动单位更为稳定、健康地发展，肩负整改责任。要积极设置审计工作主管人员、责任部门及工作人员，保证问题能够得到全面的整改和落实。新上任的领导需要对问题出现的原因进行全面的分析，对经验和教训进行总结，保证在新的单位和岗位上不会有相同的错误出现。

2. 深化审计内容

就我国目前的情况来说，经济责任审计与财务收支审计在很多领域的融合还不够。所以，需要对审计内容做出进一步深化，重视对被审计单位实际的业务活动及资金流向形成掌握，关注那些重大的经济决策、债务、工程建设、环境及资源等方面的问题。应该在部分地区推行领导离任后经济事项的交接，以及年度经济责任情况的报告试点，逐渐实现在领导离任之后经济事项的良好交接。

3. 重点领域要加大审计力度

在新时期、新形势之下，需要积极强化所有负责审计工作的人员对中央下达的各种规定、章程及精神的学习，继而使他们更为充分地意识到公务支出及公款消费审计所具有的重要性。在一些重点领域，如公款消费，需要把公务支出，以及公款消费的实际情况融入财政预算的执行审计、财务收支审计及经济责任审计内容当中，不断加大审计力度，保证公务支出及公款消费的审计工作能够落实到位。还要积极强化针对审计过程所发现问题的整改情况跟踪，提高审计工作的公开程度，让审计监督可以和社会舆论监督更好地融合。积极把握单位自身的作风建设，在对公务支出及公款消费的规范方面发挥榜样作用，强化自我监督、约束及规范。

综上所述，让经济责任审计与财务收支审计之间实现良好的融合是对审计工作的创新，是在社会主义经济建设过程当中呈现出的一个新课题。这项工作所涉及的内容具有较强的复杂性，需要负责审计工作的人员做出综合性考虑，继而利用调查研究之类的方式对审计工作进行不断完善。要积极推动经济责任审计及财务收支审计之间的统一执行，增强审计工作的公平性、公正性及公开性，使其在国家和社会发展的过程中呈现出更为优质的效果，发挥出更大的作用。

第三节　财务审计的整合延伸应用

一、财务审计与绩效审计的整合应用

审计工作的开展成效将直接对我国的经济发展产生影响，在这一工作的实际开展过程中，财务审计与绩效审计都是常见的审计办法。对于我国来说，大部分审计单位都会采用以财务审计为主、绩效审计为辅的方案来完成这一工作。财务审计在我国已经有了很长时间的发展历史，但绩效审计在我国的发展依然与欧美等发达国家存在一定差距。

在我国，财务审计与绩效审计是并存的，财务审计在审计活动中占据主要的地位。在未来，我国要不断地加强绩效审计，使财务审计与绩效审计互相分离、互相独立。目前，财务审计与绩效审计之间的整合只是一种过渡的表现，审计人员需要在对两者进行整合的过程中，找出绩效审计的有效方法。

目前，我国政府的财务审计还是占主要位置，但是随着我国政府职能的不断变化及社会主义经济的不断完善发展，对审计的要求也越来越全面，要求审计能够真实反映出政府的各个方面和在运营中的矛盾及处理的办法，以专业的水平对政府经济进行评价。绩效审计的侧重点正符合现在政府部门的需要，财务审计与绩效审计之间可以相互弥补。但是为了适应发展的需求，财务审计与绩效审计既要相互整合使用，也要相对独立地进行发展，而且绩效审计在发展中也会逐步取代目前财务审计的主导地位，更好地发挥政府的审计作用。

（一）财务审计与绩效审计概念的比较

财务审计是一种传统意义上的审计类型，是对政府的财务和财政的收支活动还有报告进行审查，然后对政府财务收支报告和活动的真实性、公允性、合法性及正确性进行评价的监督活动。

绩效审计则是审计人员通过使用现代技术方法，对政府部门的活动和功能就目前的效果性、经济性，以及效率性进行客观的、系统的独立评价，并提出改善的意见，以此来提高政府的工作效率和为政府有关决策方面的工作提供信息来源的过程。

通过分析比较财务审计与绩效审计的概念可以看出，两种审计都是收集

被审计单位的相关经济活动和财务财政上的收支，与规定的标准进行比较，评价出与相关规定的符合度，并将结果传达给相关单位的过程。但是绩效审计与财务审计不同的是，绩效审计注重评价审计方面的效率性和经济性，而财务审计更关注审计项目的合法性和真实性。不难看出，财务审计是绩效审计的基础，只有在真实合法的基础上，才有意义去评价经济性和效率性，将两者进行结合的话，可以更加全面地评价被审计单位的经济活动情况。

（二）财务审计与绩效审计各要素的差异

财务审计与绩效审计在产生和发展背景上的差异主要表现为：财务审计产生的背景是私有制的产生、财产所有者和财产经营者的分离，导致人们迫切想要了解政府资金公共支出的流向；绩效审计产生的背景是随着我国社会经济的发展，广大公民的民主和法律意识不断加强，由关注政府支出的合法性逐渐转变到关注政府支出的经济效益性。

财务审计与绩效审计在审计目的上的差异主要表现为：财务审计侧重于审计项目的合法性、真实性和公允性；绩效审计更侧重于审计项目的效益性、效率性和效果性。

财务审计与绩效审计在审计职能上的差异主要表现为：财务审计检查、评价已成事实的财务收支活动，行使防护权、监督权和鉴证权；绩效审计主要关心的是未来经济活动的发展效益，主要特点为创新性和建设性。

财务审计与绩效审计在审计技术和方法上的差异主要表现为：财务审计的审计方法一般有审阅法、查询法、复算法、核对法、函证法、调解法和盘点法，专门技术方法包括抽样审计方法、计算机审计方法和内部控制测评方法；绩效审计的审计方法有调查法、分析法、采访法和统计法。

财务审计与绩效审计在审计程序上的差别主要表现为：财务审计的程序为准备—实施—报告；绩效审计在财务审计的基础上，更加注重后续审计这一过程。

财务审计与绩效审计在审计主体上的差异为：财务审计只要求审计主体掌握会计和审计的专业知识技能；绩效审计要求审计主体具有更为广泛的知识面，特别是经济活动分析的能力。

财务审计与绩效审计在审计标准上的差异为：财务审计的审计标准为国

家法律法规和会计准则；绩效审计的审计标准为有关法律法规、公认管理实务和相关规章制度。

财务审计与绩效审计在时间导向上的差异表现为：财务审计注重历史经济活动；绩效审计更看重未来的经济活动。

财务审计与绩效审计在审计对象上的差异为：财务审计对象是被审计单位的财务收支活动及相关会计资料；绩效审计对象是政府及其公营项目的效益或社会效益。

（三）财务审计与绩效审计的整合方法

1. 绩效审计做法

绩效审计的难度远远高于传统的财务审计，关键是如何准确地评估被审计机构和被审计项目的社会效益。首先要熟悉、了解被审计机构的业务、经营活动情况等。只有比较准确地计算出被审计机构和被审计项目的社会效益如何，才能估计其社会影响，最后才能对症下药，提出有建设性的建议。在进行绩效审计时，也要贯彻会计的重要性原则，抓住被审计机构最重要的经营活动状况与其有关制度和控制计划一一比较分析，看其是否达到了预期效果。

2. 整合范围方式

在我国，财务审计的范围要远远超出绩效审计的范围。一般来说，如果经济活动涉及投入产出，那么就可以对其进行绩效审计。绩效审计的侧重点是公众比较关注的一些领域，比如专项资金审计、公共工程审计、公共支出审计和财政预算的支出审计，在这些方面展开审计活动，能够为国家节约一部分资金，同时也可以提高被审计单位的经济效益。

我国的绩效审计工作还需要不断地积累经验。对违法比较严重的单位，应该穿插进行财务审计与绩效审计；对违法现象比较少的单位，应该主要进行绩效审计，然后再辅以财务审计；如果一些单位之前进行过绩效审计，那么就可以直接采用绩效审计。

3. 整合实施办法

在将财务审计与绩效审计进行整合应用时，要合理地选择审计项目。对公共工程项目、公共预算的支出项目和公共投资项目进行审计时，要将绩效审计需求考虑在内，这样就可以大大地提高资金的使用效率。在制订审计计划时，要对绩效审计制订中长期计划，使得绩效审计有步骤、有计划地进行。同时在编制计划时，要有重点、有针对性，并且合理地安排人力资源，避免将任务进行重复安排。

此外，还要保存好审计资料。在制订审计准则时，应该将政府的审计准则分为绩效审计准则和财务审计准则，然后制订各自的报告准则、作业准则和审计内容，对政府部门实行绩效审计，需要建立科学系统的绩效审计体系。在审计程序上，如果单纯地实施绩效审计，那么就要充分收集以往财务审计中的审计证据；如果财务审计与绩效审计同时进行，那么除了要收集财务资料以外，还要搜集各种调查表、决策和各种制度规定。在审计方法和技术方面，绩效审计可以沿用财务审计的一些方法，比如分析、计算、观察和审阅，对于具体的问题，审计人员应该做具体的分析。在审计人员方面，应该加强对绩效审计人员的培训，使绩效审计人员的知识更加全面。

二、财务报表审计与内部控制审计的整合应用

将财务报表审计与内部控制审计进行整合是当前内部控制审计的主要形式和普遍方法，其对于降低审计成本、提高审计质量、控制审计风险具有十分重要的意义。

整合审计是指会计师事务所对被审计单位的财务报表与内部控制同时进行审计，会计师事务所将两项审计业务统一规划流程，删减相互重复的审计事项，以提高审计的工作效率。会计师事务所接受被审计单位股东的委托，对被审计单位的财务报表和内部控制进行审计。因此，整合审计的对象是被审计单位的财务报表和与财务报表相关的内部控制。

整合审计主要强调两类审计要同步进行，所以整合审计的最终目标也应分为两点：第一，对财务报表的合规性、公平性和真实性进行全方位的评估；第二，对内部控制是否有效进行评估。

（一）财务与内部控制整合审计的理论依据

1. 成本效益权衡理论

成本效益权衡是一种权衡投资成本与收益后做出投资决策，以寻求在投资活动中以最低成本获取最大效益的经济决策方法。

成本效益权衡理论可用于整合审计的成本效益分析。分别实施内部控制审计和财务报表审计，将会导致审计时间延长，极大地影响被审计单位的经

营活动。而实施整合审计不仅可以节省大量人力、物力和审计时间，而且可以大幅减少对被审计方的影响。显然，整合审计效益更好。

2. 协同效应理论

协同效应又称为增效作用，即让各组分有机组合，从而让其发挥出的作用大于各组分作用的简单叠加，即$1+1>2$。

由于财务报表审计与内部控制审计的审计结果可以相互印证，所以整合审计可以起到优化审计质量、减少审计费用的作用。整合审计的协同效应主要呈现出两点：①内部控制审计工作的结果可以作为衡量内部控制有效性的关键性指标；倘若内部控制具有有效性，便能够减少财务报表审计中需要实施的实质性测试。②开展财务报表实质性测试工作以后，其结果可以作为衡量内部控制审计是否有效的关键性指标；倘若财务报表中的数据不具有真实性，那么就表明与财务报表具有关联性的一系列内部控制存在很大的问题。所以，财务报表审计与内部控制审计之间存在协同效应，整合审计有助于提高审计效率和效果。

3. 权衡与权变理论

从权衡理论的角度来说，人们在进行经济业务活动的过程中会权衡、协调个人目标与组织目标的关系，使其保持一致。从权变理论的角度来说，企业发展的环境是不断变化的，企业的管理活动需要适应不断变化发展的环境。

根据对上述两个理论的理解，整合审计的最终目的在于实现财务信息的公允性、合规性，以及维护会计信息使用者的合法权益，这有利于企业良好信誉的建立。外部经济环境是不断变化的，整合审计符合各利益相关者的需求。因此，从权衡与权变的角度来看，整合审计是合理的。

（二）财务与内部控制整合审计的可行性与必要性

1. 财务与内部控制整合审计的可行性

内部控制审计与财务报表审计存在共同点，两类审计可以采用相同的审计模式、重要性水平和目标，且存在相同的测试项目以及相同的实施机构，这为两类审计的整合提供了可能。

内部控制审计与财务报表审计在实际工作流程上相关联，得到的审计证据可以互为补充、相互验证。财务报表审计需要实施风险评估，其重要环节是对被审计单位进行内部控制的考核和评价。被审计单位合理设计内部控制并有效实施后，注册会计师会进一步实施控制测试。而在注册会计师进行财务报表审计时，会依据内部控制审计的相关结论，利用内部控制审计的结果修正实质性测试范围。

2. 财务与内部控制整合审计的必要性

第一，可以提高审计的工作效率。内部控制审计和财务报表审计是相辅相成的，能够相互弥补各自的不足。内部控制审计采用自上而下的审计方法测试关键控制点，当发现存在内部控制重大缺陷时，会加强对经济业务和对应账户的测试；财务报表审计如果发现认定层次的账户余额、交易和信息披露存在错报，相应地，可以反映出关键控制点可能存在一定的内部控制缺陷。整合审计的执行提高了审计实施的效率、效果，可以保证企业经营活动的顺利进行。

第二，能够降低审计成本。如果不采用整合审计，那么两种审计需要企业委托不同的会计师事务所进行，在一定会计期间，企业需要做两种审计报告，这无疑会导致被审计单位的审计准备工作量大幅增加，审计费用也会上涨，审计资源会不同程度地被浪费。较之增加的培训成本和人员选拔配备成本而言，整合审计节约的费用远远超过于此。

（三）财务报表审计与内部控制审计的整合方法

1. 财务报表审计与内部控制审计业务适宜的整合事项

（1）重要性水平的整合。由于财务报表审计和内部控制审计的对象是同一家公司，内部控制的重要性水平将根据财务报表的重要程度来决定。也就是说，如果内部控制的结果导致财务报表出现重大错报，则认为该内部控制缺陷显著。因此，审计人员可以直接从财务报表的重要性水平确定内部控制的重要性水平。

（2）风险评估整合。在风险导向审计模式下，内部控制审计和财务报表审计都要求执行风险评估程序。这两种风险评估的目的是不一样的：内部控制审计实施风险评估的目的是评估与财务报表相关的内部控制是否存在可能导致财务报表出现重大错报的显著缺陷；财务报表审计风险评估是评估重大错报是否存在于财务报表中。虽然这两种风险评估的目的、执行的对象、得到的结论是不一致的，但这两类审计风险评估是一种前后承担的关系。

在风险导向的财务报表审计中，审计人员首先调查、了解企业的外部环境和内部环境，识别影响企业经营活动的风险，评估内部控制对经营风险的防范效果，以及剩余经营风险对期末资产、负债的影响程度；其次，检查企业是否设立了有效的内部控制制度，确保会计信息系统及时录入该会计事项，即剩余经营风险对期末资产、负债的影响；再次，检查会计信息系统的内部控制是否有效，确保企业当期的所有交易业务按照现行会计准则被及时、准确、真实地记录下来，以确保账户的期末余额账实相符；最后，根据内部控制（包括控制环境、业务流程控制）评估的结果，针对内部控制在防范财务报表错报风险方面的不足，判断该内部控制缺陷是否会导致财务报表出现重大错报。从财务报表风险评估流程可以看出，前三个步骤与内部审计风险评估的流程完全一致，第四个步骤则是基于内部控制评估结果而实施的。

采用其他分析性程序也可以对财务报表的重大错报风险进行识别，当使用其他分析性程序识别出财务报表错报时，审计人员可以根据财务报表错报的原因追查出企业内部控制的重大缺陷。整合内部控制审计和财务报表审计的风险评估不仅可以节省审计时间，还可以优化审计质量。

（3）审计方式整合。在内部控制设计合理的情形下，内部控制审计需要对内部控制进行测试以获取执行的有效性，以判断其是否得到了认真实施。但是，基于对审计效率和审计效果的综合考虑，审计人员在进行财务报表审计时既可以单独采用实质性测试方案（除非实质性测试不能获取充分适当的审计证据），也可以采用实质性测试与控制测试相结合的综合性方案。

由于内部控制审计需要执行控制测试，整合审计应当采用实质性测试与控制测试相结合的综合性方案。此时，内部控制审计的审计结论可以充分运用于财务报表审计中。当内部控制审计的结论表明内部控制有效时，审计人员可减少财务报表审计实质性测试的数量，从而达到降低审计成本的目的。

（4）审计时间与审计资源的整合。由于人力资源有限，会计人员的审计计划可以根据审计目标、审计风险、获取审计证据的可能性来合理安排内部控制审计和财务报表审计的时间。一般情况下，内部控制审计主要安排在期中实施，财务报表审计主要安排在期末执行。

2. 财务报表审计与内部控制审计不宜整合的事项

财务报表审计与内部控制审计不宜整合的事项包括审计目标和审计报告，主要原因在于：①鉴证对象不同，财务报表审计鉴证的对象是财务报表及报表附注，而内部控制审计鉴证的对象是内部控制制度；②评价鉴证对象的标准不同，财务报表审计采用的评价标准是适用的财务报表的编制基础，内部控制审计采用的评价标准是适用的内部控制规范；③审计报告内容不同，财务报表审计是对财务报表是否合法、公允发表意见，而内部控制审计是对内部控制是否有效（保证财务报告免于出现重大错报）发表意见。

对于不适合整合的事项，审计人员应当分别为财务报表审计和内部控制审计确定审计目标，并分别出具审计意见。

三、财务审计与社会监督

目前，我国在经济、政治等领域都取得了跨越性进步。同时，经济全球化给各大企业的发展带来空前的挑战，尤其是财务监督方面，一旦出现纰漏，便会直接影响财务管理的有序性，进而影响企业管理体系的正常运行。

（一）财务审计的社会定位

财务审计是审计机关对国有企业的资产负债的真实性、准确性、合法性进行严格的审计监督，其监督过程遵守《中华人民共和国审计法》及其实施条例，除此之外，还需按照《国有企业财务审计准则（试行）》所规定的程序进行合法监督，对企业的会计报表信息做出真实、客观的评价，并由此形成审计报告。

财务审计的审计目的是使得企业财务部门遵守规定，依法办事，防止贪污受贿等违规问题的出现，为建设廉政社会创造机会，加强宏观调控。

（二）财务审计的目标与注意事项

财务审计的具体目标如下。

准确性：对报表项目进行分析、汇总，准确地列入会计报表中。

合法性：要求财务报表的结构、程序与内容等方面都严格遵守《国有企业财务审计准则（试行）》与《中华人民共和国审计法》，其中包括对成本计算、报表合并、存货计价、销售确认等方法进行有关部门的批准，检查是否有违规项目。

完整性：保障会计账簿内容里记录了在会计程序中发生的一切事情，并且在会计报表中完整列入，防止某些记录的错误与遗漏，甚至对审计部门的有意隐瞒。

真实性：在财务账簿中的记录都具有真实性，确认其所记录的内容在会计期间真实发生过，与账户记录相同，保证没有虚报资产与虚无的收入和支出现象发生。

公允性：在会计数据的处理过程中，必须保证前后所使用的数据一致，在各项目间与会计报表间所使用的相关财务数字保持一致。

审计内容包括资产负债审计内容、损益表审计内容、现金流量表审计内容、合并报表审计内容四部分。

其中，在资产负债审计内容中，审计人员需要遵循以下注意事项：检查资产负债表是否使用制度所提到的格式进行编制；比较本期资产负债表的每项数字，检查其与前几期的数字相比是否有明显的变动，若无变动，即为过关；核对项目与总账的科目数字是否相符，对本期的余额与发生额进行核对计算，保障计算结果无误，而且数据真实可靠。若其中某一项有较大出入，需对项目进行重点检查，追查原始凭证等。

在损益表审计内容中，首先需注意损益表的项目填写是否正确，是否有漏填或填写错误的情况；其次对损益表间的数字关系进行核对，保障前后期数字保持一致，保障损益表与其他报表的关系，尤其是与损益表有关的产品销售成本、销售税金等。核对成本、收入、支出等数字的准确性，检查所得税的计算结果，是否遵守扣除金额标准等。

现金流量表审计内容是对现金等价物进行确定，检查各种活动中现金的流动量是否合理，了解汇率变动对流量的影响。

合并报表审计内容是对合并报表范围进行监督，检查企业内部的经济往来状况。

（三）社会对财务审计监督的实施途径

第一，加大审核与监督用人力度。大力建设财务管理、监督人员队伍，需要制订完善的用人制度，现在虽然不缺乏初级审计师，但中级或高级审计师却比较短缺，对于企业财务来说，只有初级审计师远远不够，要想合理完善监督过程，必须配备足够的管理人员。明确用人要求，在每次的用人审核过程中，不仅对其专业知识技能进行审核，还需要观察其实践能力。财务监督操作与理论密不可分，尤其是在财务账目的审核、现金流动等方面，需要有足够的实践能力，要在既能保障时间的条件下，又保障审核质量。在人事调配过程中，需因人而异，根据不同人员擅长方向的不同，为其安排合适的岗位，使他们各司其职、相互配合，只有这样，才能保障财务系统的有序运行，防止国有资产浪费。

第二，建立健全人员审核、培训制度。要提高管理人员的整体素质水平，审核、培训制度必不可少。培训包括专业知识培训、实践能力培训、创新能力培训、思维模式培训、法律意识培训、管理意识培训等。要想加强人员的实践能力，必须提高其思想水平，如个人理财观念、诚信理念。从各个岗位的负责人员入手，进行教育的强化，培训可采取某些趣味性方式开展，如个人评比、讲座培训、实地培训、团体小组合作等。利用这些方式不但可以有效地进行专业知识的培训，而且可以架起同事与同事间及下级与上级间的沟通桥梁。

第三，进一步完善财务监督体系。为了加强企业的财务监督，建立健全财务与监督机制，需保障人员岗位的合理性，明确财务工作中每个岗位的负责人员，将责任落实到个人，保障发生纰漏时能够准确找到负责人员进行有效改正，可防止推卸责任的现象出现。在加强内部审计工作制度的过程中，要规范财务审批程序，对国有资产的审核制度进行强化，尤其是对资产的使用情况进行监管，不定时进行盘查，提高工作人员的警觉性，防止违法乱纪的行为出现。同时加强社会与媒体等的监督，配合企业内部完成审查程序。

参考文献

[1] 秦荣生. 现代内部审计学[M]. 上海：立信会计出版社，2017.

[2] 任凤辉，刘红宇. 施工企业财务管理[M]. 3版. 北京：机械工业出版社，2018.

[3] 时现. 内部审计学[M]. 3版. 北京：中国时代经济出版社，2017.

[4] 王培，郑楠，黄卓. 财务管理[M]. 西安：西安电子科技大学出版社，2019.

[5] 杨荣美. 财务审计[M]. 北京：中国税务出版社，2010.

[6] 张丽，赵建华，李国栋. 财务会计与审计管理[M]. 北京：经济日报出版社，2019.

[7] 张永国. 财务审计[M]. 3版. 大连：东北财经大学出版社，2018.

[8] 曾壁鹏. 大型企业实行会计集中核算对财务管理的影响及对策[J]. 全国商情，2016（23）：29-30.

[9] 陈美秀，谢清，朱丽娜. 浅析人工智能对财务管理的影响[J]. 企业科技与发展，2020（10）：224-226.

[10] 陈南. 影响商业经济运营效益的原因及利润提高策略探析[J]. 现代经济信息，2019（08）：74.

[11] 陈素兰. 会计审计对于优化企业财务管理的路径构建[J]. 科技经济市场，2020（07）：26-27.

[12] 邓兴伟. 企业绿色财务管理体系的建立[J]. 现代经济信息，2019（20）：194，196.

[13] 邓颖辉. 风险导向下企业财务内部控制存在的问题及优化分析[J]. 纳税，2019，13（14）：116，119.

[14] 丁燕敏. 财务审计中独立性的问题及对策探讨[J]. 全国流通经济，2018（26）：103-105.

[15] 董培玉．会计审计中会计核算方法的运用思考[J]．全国流通经济，2020
（07）：177-178.

[16] 范国鑫．财务会计工作中审计方法的应用[J]．现代营销（下旬刊），2020
（01）：206-207.

[17] 范小利．会计审计中会计核算方法的运用[J]．纳税，2019，13（31）：180.

[18] 高璐．上市公司内部控制审计对财务报表审计质量的影响[J]．现代商业，
2020（01）：183-184.

[19] 龚燕．浅析内部审计在财务管理中的作用[J]．中国集体经济，2020（08）：
139-140.

[20] 郭龙增．建造合同准则下建筑施工企业财务管理研究[D]．长春：吉林大
学，2011.

[21] 韩庭忠．基于财务预算管理的企业财务控制分析[J]．现代经济信息，2019
（02）：279.

[22] 黄雪勤．论企业筹资与投资风险及防范[J]．经贸实践，2018（15）：
149.

[23] 金维岚．财务报表审计与内部控制审计的整合探索[J]．现代商业，2020
（11）：173-174.

[24] 李聪颖．企业财务预算控制模式研究应用[J]．纳税，2019，13（15）：
110，112.

[25] 李慧．企业财务审计向管理效益审计延伸的方法研究[J]．中国商论，2020
（18）：175-176.

[26] 李建俊．企业财务管理信息化建设问题及对策研究[J]．营销界，2020
（51）：134-135.

[27] 李克红．人工智能视阈下财务管理挑战与创新[J]．新会计，2020（10）：
6-13.

[28] 李彦明．内部控制审计对财务报表审计意见的影响及完善措施分析[J]．财会
学习，2020（02）：171，173.

[29] 刘榕．浅谈建筑企业会计风险管理中内部审计的重要性[J]．现代营销
（信息版），2019（10）：36.

[30] 刘伟．企业财务审计的优化路径[J]．市场研究，2018（12）：53-54.

[31] 刘小建. 网络环境下的财务管理创新探讨[J]. 中外企业家，2020（08）：69.

[32] 刘秀文. 内部审计在企业财务风险控制中的作用分析[J]. 中国商论，2020（07）：115-116.

[33] 鹿云飞，王郑萍. 论绩效审计与内部审计咨询职能的履行：基于绩效审计与财务审计的比较研究[J]. 中国内部审计，2015（03）：24-28.

[34] 马涛涛. 建筑企业会计风险管理中内部审计作用分析[J]. 现代经济信息，2019（18）：186，188.

[35] 马宇亮. 论财务审计中独立性的问题及对策[J]. 财经界，2018（14）：122.

[36] 任慧彬. 会计审计工作对优化企业财务管理的路径构建[J]. 知识经济，2013（12）：109.

[37] 宋萍. 绩效审计与财务审计的对比分析[J]. 企业科技与发展，2019（06）：285-286.

[38] 谭兰姣. 论网络环境下的企业财务管理[J]. 全国流通经济，2020（32）：54-56.

[39] 唐先胜. 浅析企业财务业绩评价指标体系[J]. 知识经济，2020（19）：77-78.

[40] 唐璇. 企业财务审计信息管理问题研究[D]. 保定：河北大学，2014.

[41] 王琪. 企业内部审计独立性对内部控制的影响[D]. 北京：首都经济贸易大学，2016.

[42] 魏峰培. 企业财务审计与成本控制间的关联性探究[J]. 中国商论，2020（20）：183-184.

[43] 向虎. 企业投资与筹资的资金成本与风险控制问题[J]. 中国商论，2019（06）：96-97.

[44] 杨涵. 财务报表审计和内部控制审计的整合研究[D]. 北京：北京交通大学，2018.

[45] 杨梅芳. 内部审计在建筑企业会计风险管理中的作用分析[J]. 现代经济信息，2014（22）：233-234.

[46] 俞子龙. 财务会计工作中审计方法的有效应用分析[J]. 财会学习，2020（06）：163-165.

[47] 张瑞鹏. 内部控制审计和财务报表审计的整合研究[D]. 天津：天津财经

121

大学，2016.

[48] 张娅. 企业会计核算规范化管理分析[J]. 财会学习，2020（09）：133-
134.

[49] 赵晓彦. 强化农村财务审计 规范农村财务管理[J]. 农村经济与科技，
2020，31（02）：134-135.

[50] 周展娥. 会计审计对企业财务管理的促进作用[J]. 财经界，2020
（03）：209-210.

[51] 朱靖宇. 企业财务管理业绩评价方法[J]. 中外企业家，2018（27）：35.

[52] 朱思恩，陆雪莲. 新时代加强企业财务审计的有效方法[J]. 商场现代
化，2019（22）：167-168.